McGraw-Hill's
KOREAN
ILLUSTRATED
DICTIONARY

New York   Chicago   San Francisco   Lisbon   London   Madrid   Mexico City
Milan   New Delhi   San Juan   Seoul   Singapore   Sydney   Toronto

1 2 3 4 5 6 7 8 9 10 11 12 13 14 15 16 17 18 19 20 21 22 23 24 25 26 27 28 29   CTP/CTP   1 9 8 7 6 5 4 3 2 1

ISBN   978-0-07-176900-6   (book and CD)
MHID   0-07-176900-5   (book and CD)

ISBN   978-0-07-176898-6   (book for set)
MHID   0-07-176898-X   (book for set)

Library of Congress Control Number   2010943210

Visit http://english.visitkorea.or.kr/enu/CU/CU_EN_8_6_3_1.jsp for a full explanation of the Romanization system used in this book.

CD-ROM and MP3 Disk
The accompanying disk contains recordings of all the entries in this dictionary, available in two formats.

1. MP3 files
These files can be played on your computer and loaded onto your MP3 player.
i.   Insert the disk into your computer and open via My Computer, or double click on the disk icon.
ii. Drag the disk icon "Korean Dictionary" into your Music Library, or open the disk to access the MP3 files to copy to your computer.
iii. Sync your MP3 player with your Music Library.
iv. Locate the recordings under the artist name "Korean Dictionary."

Note: if you allow your computer to "rip" or "import" the disk, the resulting recordings will not include the corresponding art and text for each dictionary entry.

2. CD-ROM
Installation instructions for PC
i.   Insert the disk into your computer and open the disk via My Computer.
ii. Double click on the "Korean Dictionary Installer.exe" Adobe Air application.
iii. Wait while the program is "Getting ready to install this application."
iv. When the APPLICATION INSTALL screen appears, it will give you options for Installation Preferences and the location of the Study Player files (the default location is "Program Files"). Then click INSTALL.
v.   If you do not have Adobe Air already installed on your computer, a Warranty Disclaimer and Software License Agreement screen will appear. Read the license and select "I AGREE."

Once the program files are installed, the program will start automatically (if you checked this option), or click on the "Korean Dictionary" desktop icon, or use the START menu and select PROGRAMS/Korean Illustrated Dictionary.
No system modifications are made other than the file copy and program group processes described above.

TO UNINSTALL: Use the "Add or Remove Programs" tool on your Control Panel. The program to uninstall is called "Korean Illustrated Dictionary."

Installation instructions for MAC
i.   Insert the disk into your computer. If the disk does not open automatically, double click on the disk icon.
ii. Double click on the "Korean Dictionary Installer.exe" Adobe Air application.
iii. Wait while the program is "Getting ready to install this application."
iv. When the APPLICATION INSTALL screen appears, click INSTALL. This will give you options for Installation Preferences and the location of the Study Player files (the default location is "Applications").
v.   If you do not have Adobe Air already installed on your computer, a Warranty Disclaimer and Software License Agreement screen will appear. Read the license and select "I AGREE."

Once the program files are installed, the program will start automatically (if you checked this option), or click on the "Korean Dictionary" desktop icon, or use the START menu and select PROGRAMS/Korean Illustrated Dictionary.

TO UNINSTALL: Locate the "Korean Illustrated Dictionary" in your Applications folder and drag it to the Trash.

If you experience difficulties, check the Read Me file on the disk.

Listen to samples of this and other Korean language audio titles from McGraw-Hill at www.audiostudyplayer.com.

McGraw-Hill books are available at special quantity discounts to use as premiums and sales promotions or for use in corporate training programs. To contact a representative, please e-mail us at bulksales@mcgraw-hill.com.

This book is printed on acid-free paper.

Contents

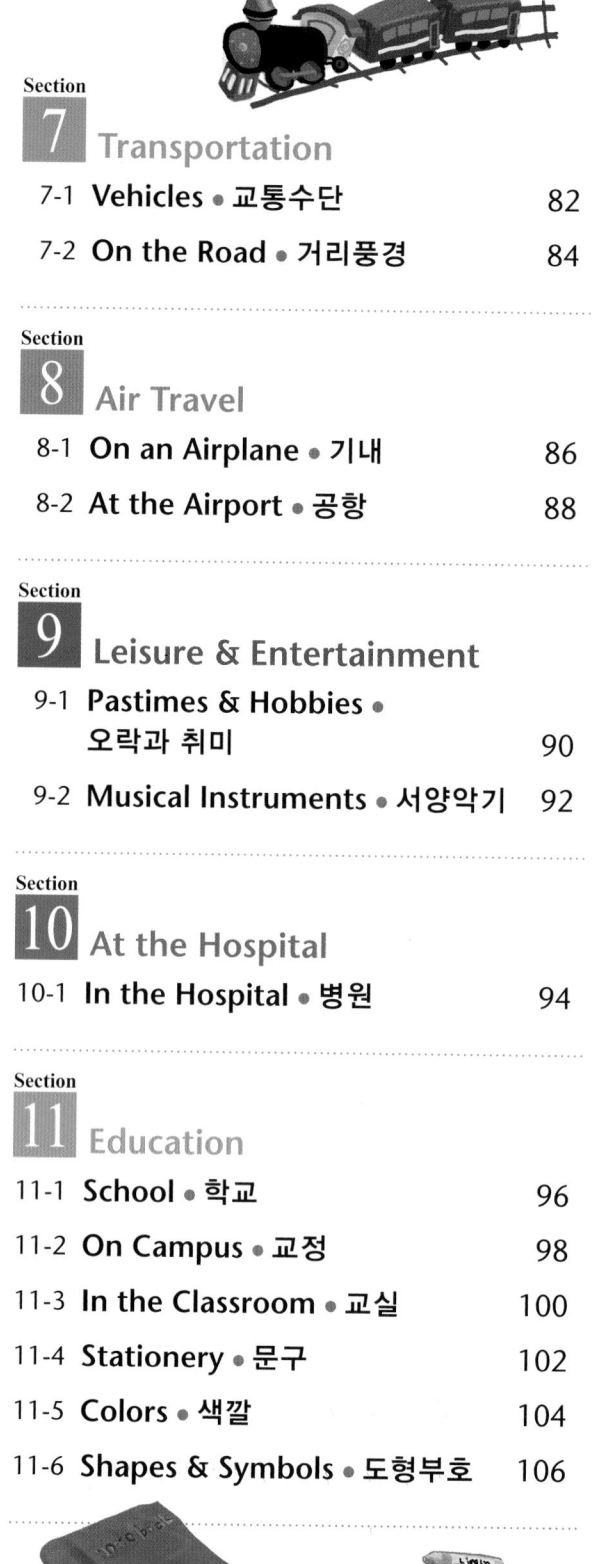

How to Use This Book

We suggest that you listen to the audio recordings when using this book. It will make your learning more efficient.

Unit title in English and Korean

Illustration with numbers

Category title shown in English

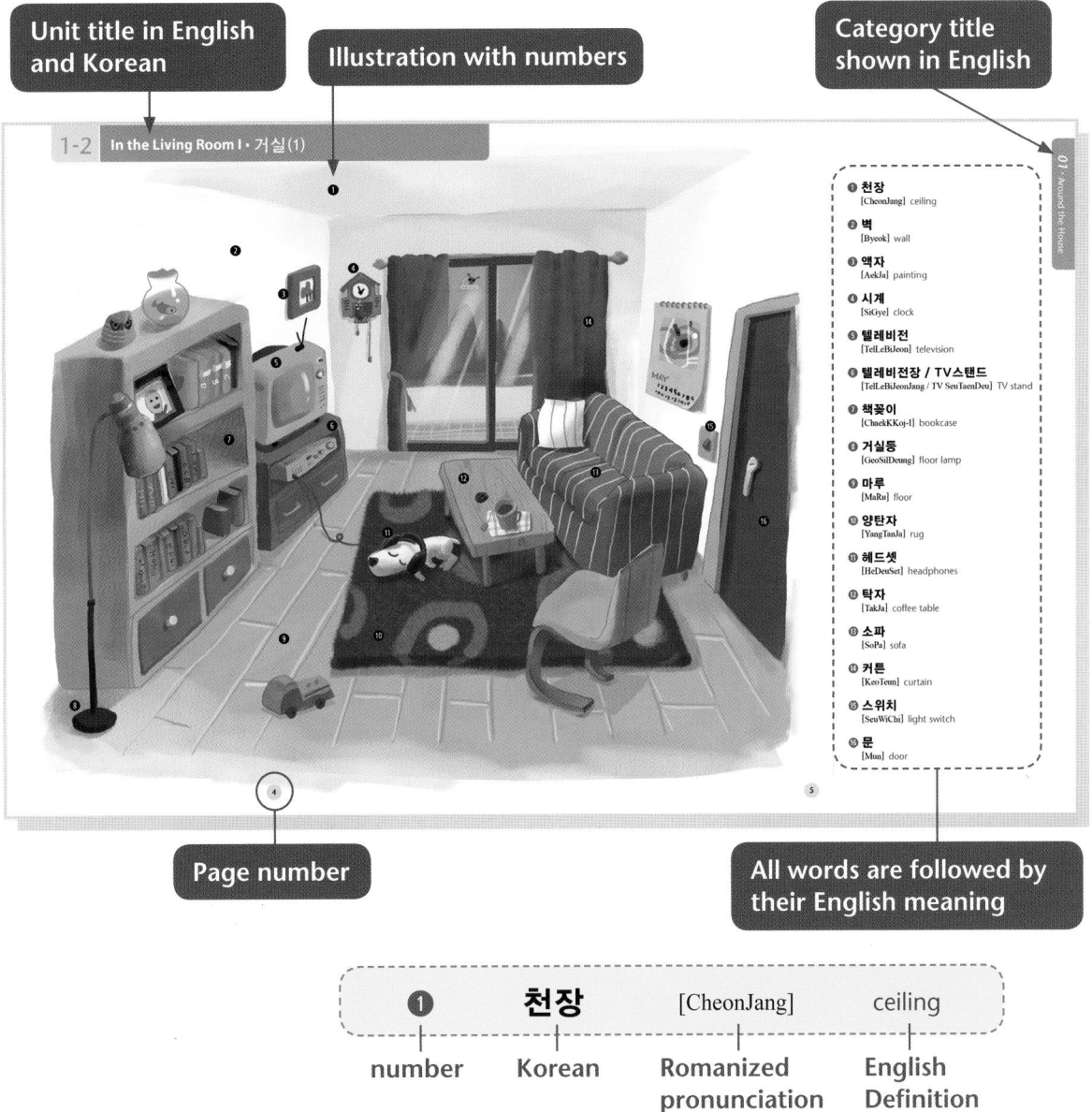

Page number

All words are followed by their English meaning

❶	천장	[CheonJang]	ceiling
number	Korean	Romanized pronunciation	English Definition

Notes on Pronunciation and the Korean Writing System:

1. Korean words are based on the "Korean Standard Dictionary" published by The National Institute of the Korean Language.

2. Romanization is based on standard Korean pronunciation, following proclamation No. 2000-8 (released July 7, 2000) of the Ministry of Culture and Tourism.

3. Each syllable begins with a capital letter, so as to help readers identify new syllables.

4. The "-" mark indicates a linking sound. For example, the word "musician" (음악가 [Eum-AkGa]) should be pronounced with [Eum] and [Ak] together, and then [Ga].

① **고층건물**
[GoCheungGeonMul]
building

② **철창문**
[CheolChangMun]
iron window

③ **수영장**
[SuYeongJang]
swimming pool

④ **대문**
[DaeMun]
main entrance

⑤ **경비원**
[GyeongBiWon]
security guard

⑥ **아파트**
[APaTeu]
apartment

❼ 베란다
[BeRanDa]
balcony

❽ 옥상
[OkSang]
top floor

❾ 계단
[GyeDan]
stair

❿ 차고
[ChaGo]
garage

⓫ 정원
[JeongWon]
yard

⓬ 우편함
[UPyeonHam]
mailbox

❶ 천장
[CheonJang] ceiling

❷ 벽
[Byeok] wall

❸ 액자
[AekJa] painting

❹ 시계
[SiGye] clock

❺ 텔레비전
[TelLeBiJeon] television

❻ 텔레비전장 / TV스탠드
[TelLeBiJeonJang / TV SeuTaenDeu] TV stand

❼ 책꽂이
[ChaekKKoj-I] bookcase

❽ 거실등
[GeoSilDeung] floor lamp

❾ 마루
[MaRu] floor

❿ 양탄자
[YangTanJa] rug

⓫ 헤드셋
[HeDeuSet] headphones

⓬ 탁자
[TakJa] coffee table

⓭ 소파
[SoPa] sofa

⓮ 커튼
[KeoTeun] curtain

⓯ 스위치
[SeuWiChi] light switch

⓰ 문
[Mun] door

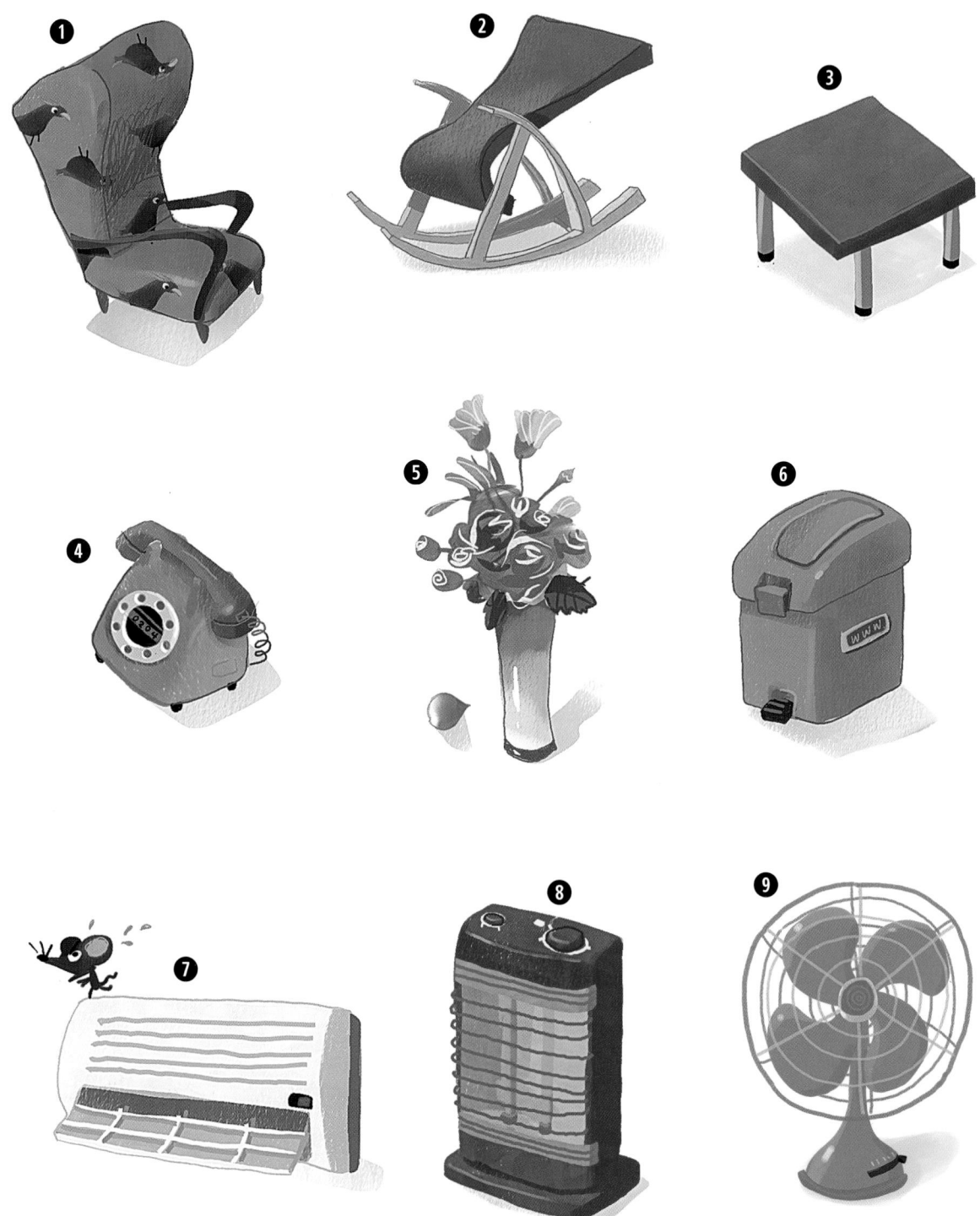

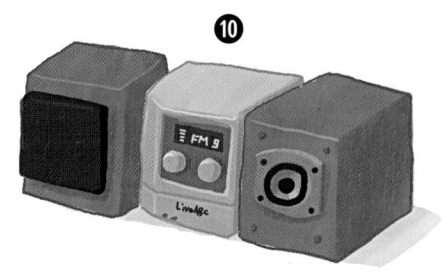

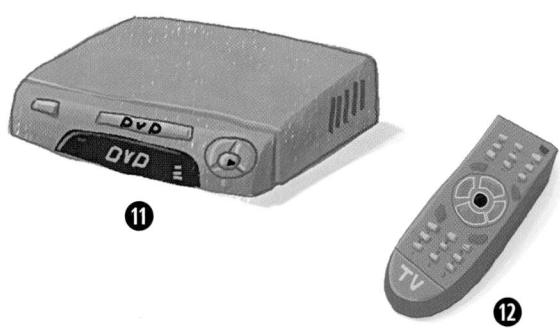

❶ 의자
[UiJa] armchair

❷ 흔들 의자
[HeunDeul UiJa] rocking chair

❸ 소형 탁자
[SoHyeong TakJa] side table

❹ 전화기
[JeonHwaGi] telephone

❺ 꽃병
[KKotByeong] vase

❻ 쓰레기통
[SSeuReGiTong] trash can

❼ 에어컨
[EEoKeon] air conditioner

❽ 히터
[HiTeo] heater

❾ 선풍기
[SeonPungGi] fan

❿ 음향기기
[EumHyangGiGi] stereo

⓫ DVD플레이어
[DVD PeulLeIEo] DVD player

⓬ 리모컨/리모콘
[RiMoKeon/RiMoKon] remote control

⓭ 진공 청소기
[JinGong CheongSoGi] vacuum cleaner

⓮ 자동응답기
[JaDong EungDapGi] answering machine

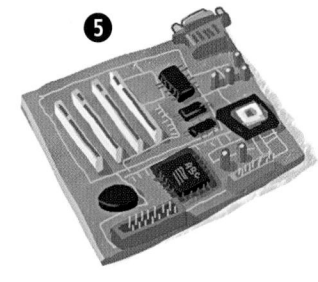

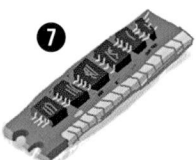

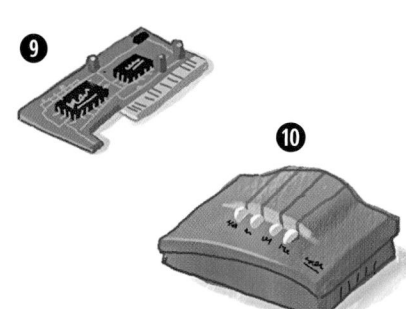

❶ 데스크탑 컴퓨터
[DeSeuKeuTap KeomPyuTeo]
desktop computer

❷ 노트북 컴퓨터
[NoTeuBuk KeomPyuTeo]
laptop computer

❸ CRT모니터
[CRT MoNiTeo]
CRT monitor

❹ LCD 모니터
[LCD MoNiTeo]
LCD monitor

❺ 마더보드
[MaDeoBoDeu]
motherboard

❻ CPU / 중앙처리장치
[CPU / JungAngCheoRiJangChi]
CPU

❼ 램(RAM) / 기억장치
[Raem / GiEokJangChi]
RAM

❽ 하드 디스크
[HaDeu DiSeuKeu]
hard disk

❾ 랜카드
[RaenKaDeu]
network adapter card

❿ 모뎀
[MoDem]
modem

⓫ 마우스
[MaUSeu]
mouse

⓬ 마우스 패드
[MaUSeu PaeDeu]
mouse pad

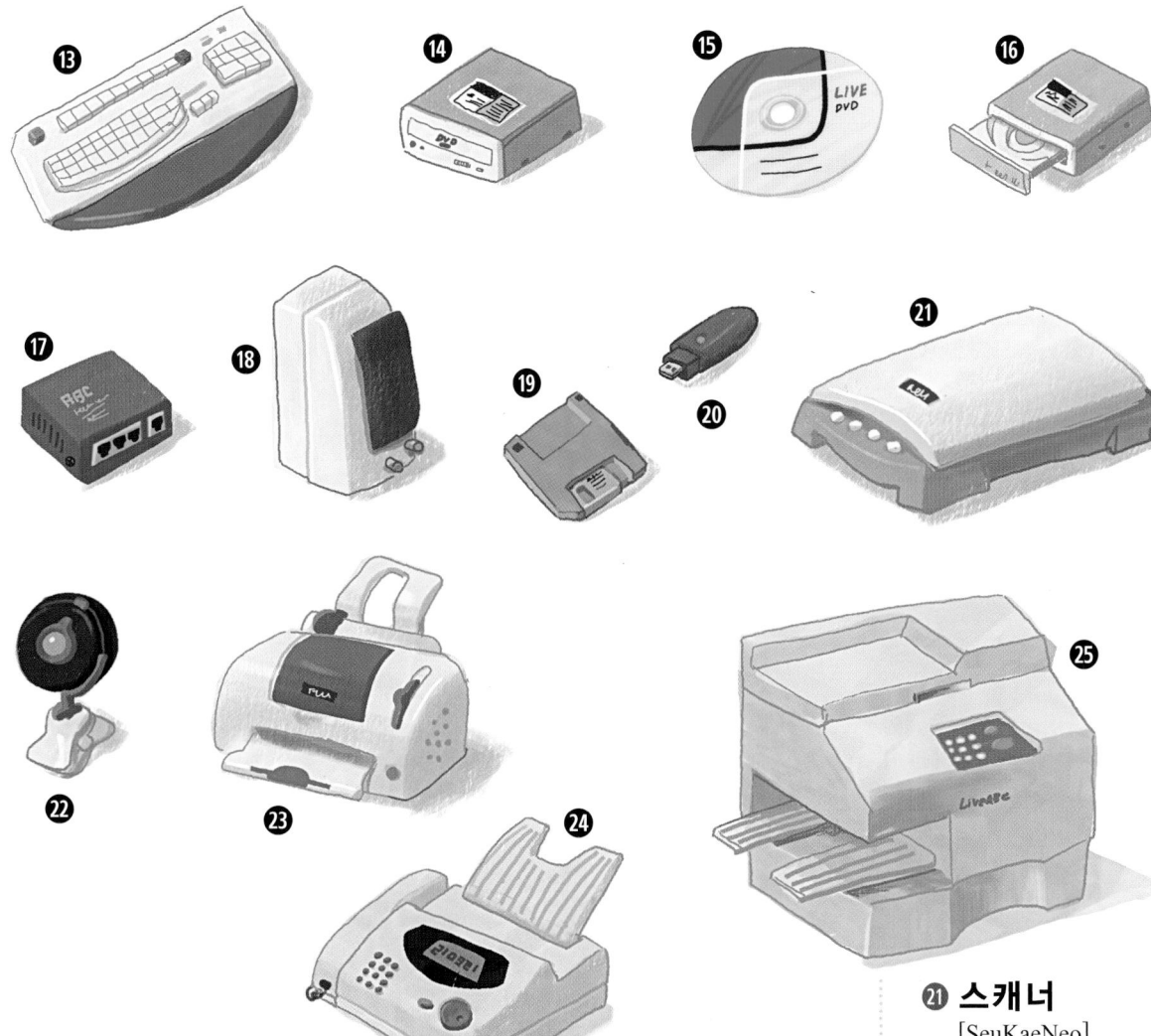

㉑ 스캐너
[SeuKaeNeo]
scanner

⑬ 키보드
[KiBoDeu]
keyboard

⑰ 허브 (hub)
[HeoBeu]
hub

㉒ 웹카메라
[WepKaMeRa]
webcam

⑭ DVD-ROM 드라이브
[DVD-ROM DeuRaIBeu]
DVD-ROM drive

⑱ 스피커
[SeuPiKeo]
speaker

㉓ 프린터
[PeuRinTeo]
printer

⑮ DVD
[DVD]
DVD

⑲ 플로피 디스크
[PeulLoPi DiSeuKeu]
floppy disk

㉔ 팩스
[PaekSeu]
fax machine

⑯ 시디라이터 (CD writer)
[SiDiRaITeo]
CD burner

⑳ USB 플래시 드라이브
[USB PeulLaeSi DeuRaIBeu]
flash drive

㉕ 복사기
[BokSaGi]
photocopier

❶ 타일
[TaIl] tile

❷ 선반
[SeonBan] shelf

❸ 거울
[GeoUl] mirror

❹ 콘센트
[KonSenTeu] socket

❺ 목욕 수건
[Mog-Yok SuGeon] bath towel

❻ 수건
[SuGeon] towel

❼ 세면대
[SeMyeonDae] sink

❽ 수도꼭지
[SuDoKKokJi] faucet

❾ 화장지
[HwaJangJi] toilet paper

❿ 수조
[SuJo] toilet tank

⓫ 변기
[ByeonGi] toilet

⓬ 배수구
[BaeSuGu] drain

⓭ 욕실용 매트
[YokSir-Yong MaeTeu] bath mat

⓮ 샤워 커튼
[SyaWo KeoTeun] shower curtain

⓯ 샤워꼭지
[SyaWoKKokJi] showerhead

⓰ 욕조
[YokJo] bathtub

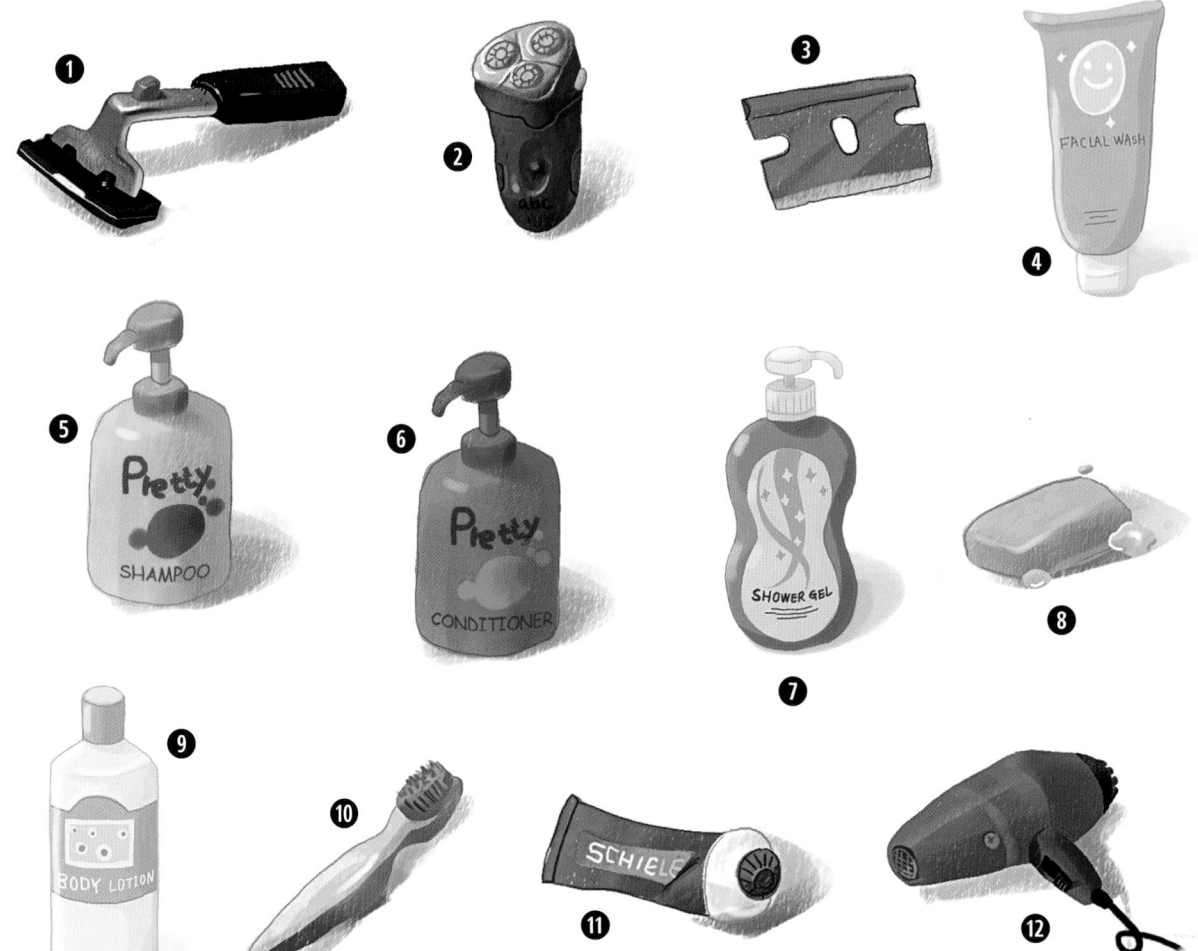

❶ 면도기
[MyeonDoGi]
razor

❷ 전기 면도기
[JeonGi MyeonDoGi]
electric razor

❸ 면도날
[MyeonDoNal]
razor blade

❹ 폼클렌징
[PomKeulLenJing]
facial wash

❺ 샴푸
[SyamPu]
shampoo

❻ 린스
[RinSeu]
conditioner

❼ 샤워 젤
[SyaWo Jel]
shower gel

❽ 비누
[BiNu]
soap

❾ 바디 로션
[BaDi RoSyeon]
body lotion

❿ 칫솔
[ChitSol]
toothbrush

⓫ 치약
[ChiYak]
toothpaste

⓬ 헤어 드라이어
[HeEo DeuRaIEo]
blow-dryer

⑬ 빗
[Bit]
hairbrush

⑭ 면봉
[MyeonBong]
cotton swab

⑮ 손톱깎기
[SonTopKKakGi]
nail clipper

⑯ 화장지 / 각티슈
[HwaJangJi / GakTiSyu]
facial tissues

⑰ 향수
[HyangSu]
perfume

⑱ 체중계
[CheJungGye]
scale

⑲ 빨래바구니
[PPalLaeBaGuNi]
laundry basket

⑳ 목욕가운 / 샤워가운
[Mog-YokGaUn / SyaWoGaUn]
bathrobe

㉑ 샤워 캡
[SyaWo Kaep]
shower cap

**❶ 자외선 차단제 /
썬크림**
[JaOeSeon ChaDanJe /
SSeonKeuRim]
sunscreen

❷ 메이크업 베이스
[MeIKeUeop BeISeu]
moisturizer

❸ 리퀴드 파운데이션
[RiKwiDeu PaUnDeISyeon]
foundation

❹ 컴팩트
[KeomPaekTeu]
compact foundation

❺ 아이브로 펜슬
[AIBeuRo PenSeul]
eyebrow pencil

❻ 아이 섀도
[AI SyaeDo]
eye shadow

❼ 아이 펜슬
[AI PenSeul]
eyeliner

❽ 마스카라
[MaSeuKaRa]
mascara

**❾ 아이래쉬 컬러 /
속눈썹 뷰러**
[AIRaeSwi KeolLeo /
SongNunSSeop ByuReo]
eyelash curler

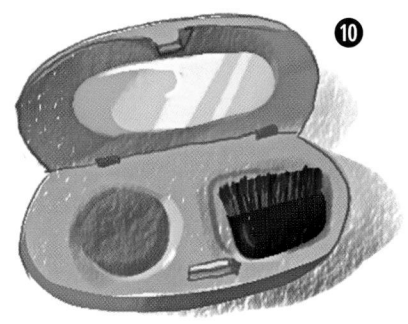
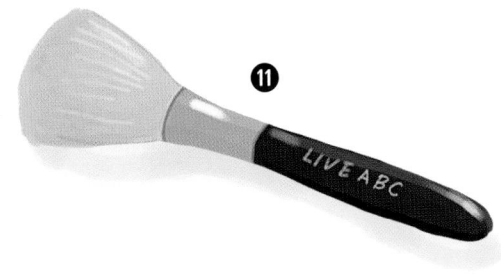

⑩ 볼터치
[BolTeoChi]
blush

⑪ 솔 / 브러시
[Sol / BeuReoSi]
brush

⑫ 립스틱
[RipSeuTik]
lipstick

⑬ 매니큐어
[MaeNiKyuEo]
nail polish

⑭ 메이크업 리무버 / 클렌징 오일
[MeIKeuEop RiMuBeo / KeulLenJing OIl]
body oil

⑮ 마스크 팩
[MaSeuKeu Paek]
facial mask

❶ 자명종 / 알람시계
[JaMyeongJong / AlLamSiGye]
alarm clock

❷ 액자
[AekJa]
picture frame

❸ 탁상용 전등
[TakSangYong JeonDeung]
lamp

❹ 침실용 탁자
[ChimSir-Yong TakJa]
nightstand

❺ 침대 머릿장
[ChimDae MeoRitJang]
headboard

❻ 베개
[BeGae]
pillow

❼ 2 (이) 인용 침대 / 더블베드
[2 (I) In-Yong ChimDae / DeoBeulBeDeu]
double bed

❽ 매트리스
[MaeTeuRiSeu]
mattress

❾ 침대 시트
[ChimDae SiTeu]
sheet

❿ 이불
[IBul]
comforter, duvet

⓫ 슬리퍼
[SeulLiPeo]
slippers

⓬ 내의 / 속옷
[NaeUi / SogOt]
undershirt

⓭ (휴대용) 발판
[(HyuDaeYong) BalPan]
footstool

⓮ 삼단서랍장
[SamDanSeoRapJang]
chest of drawers

⓯ 책버팀 / 북엔드
[ChaekBeoTim / Bug-EnDeu]
bookend

⓰ 장롱 / 옷장
[JangNong / OtJang]
wardrobe

⓱ 화장품
[HwaJangPum]
cosmetics

⓲ 화장대
[HwaJangDae]
dressing table

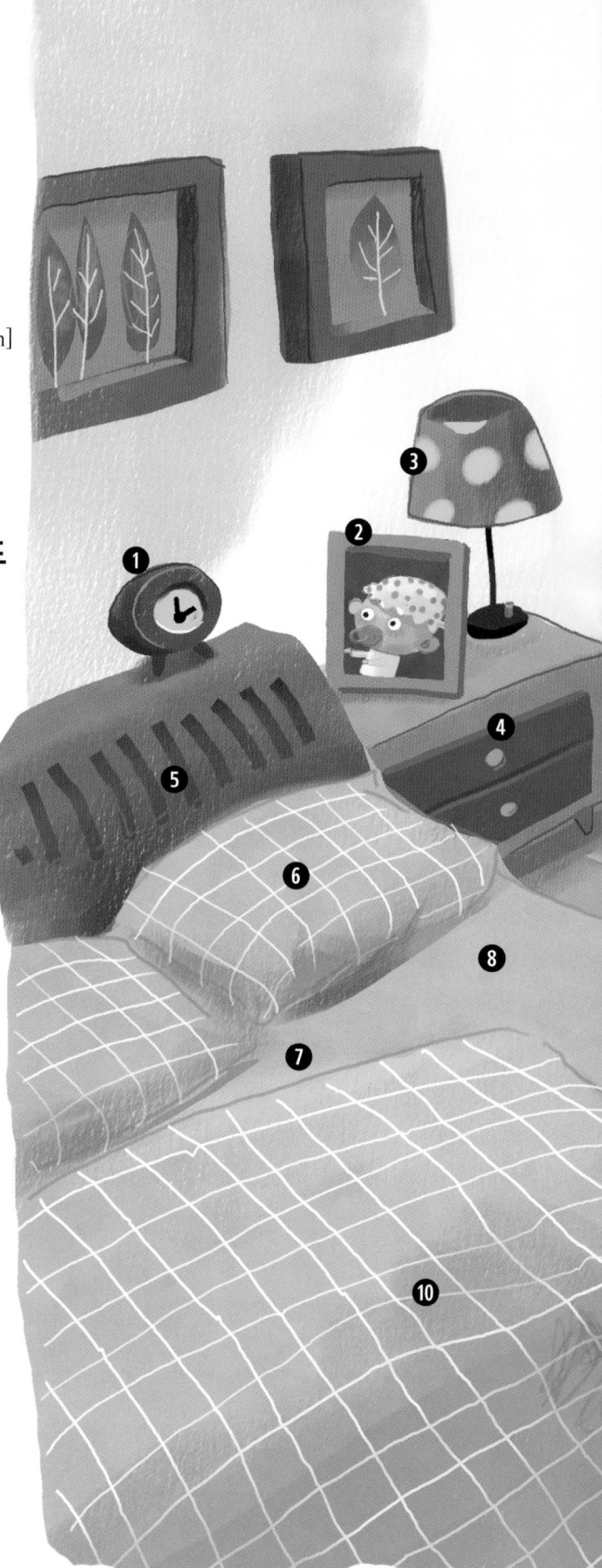

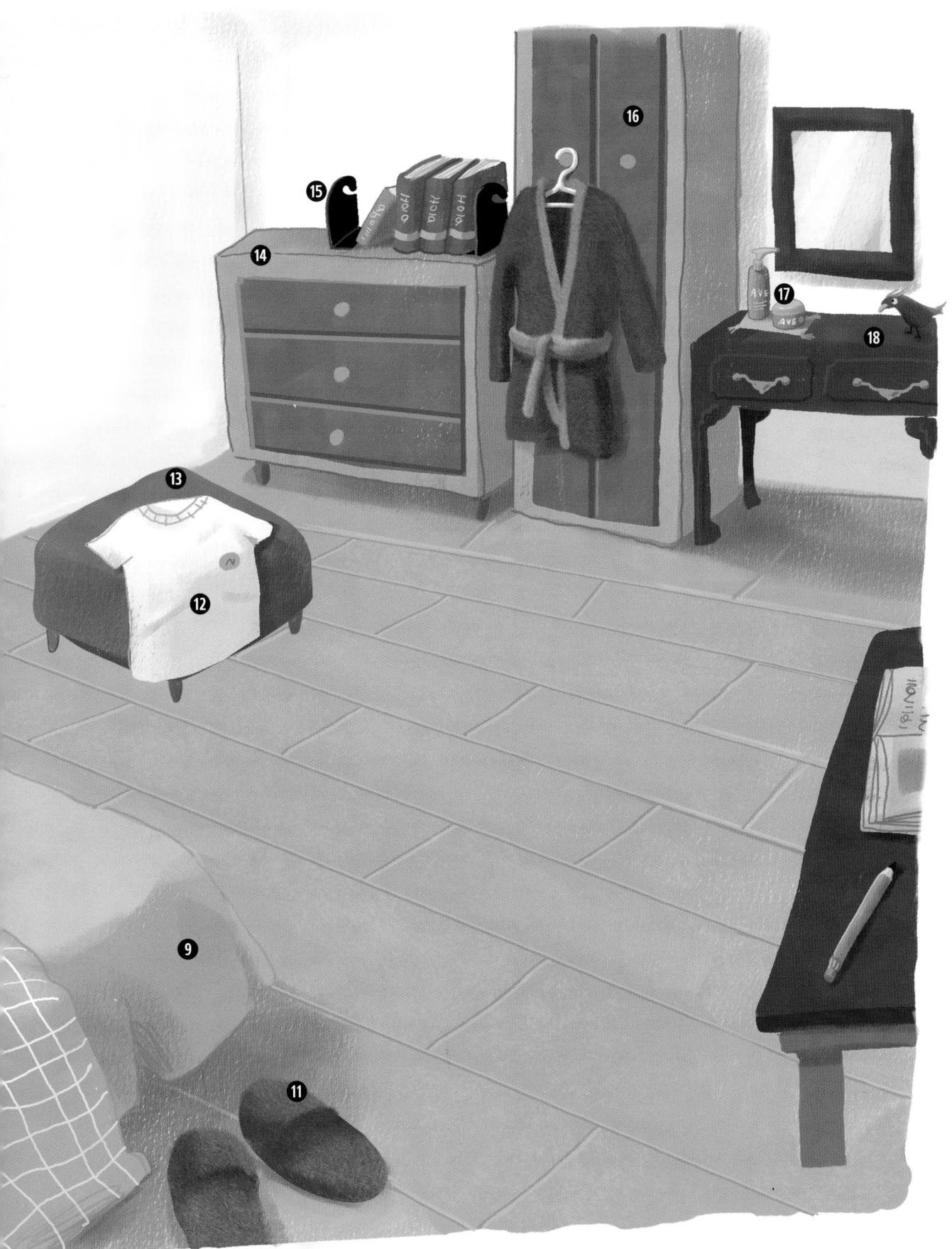

❶ 빨래 세제
[PPalLae SeJe]
laundry detergent

❷ 섬유 유연제
[SeomYu YuYeonJe]
fabric softener

❸ 표백제
[PyoBaekJe]
bleach

❹ 옷걸이
[OtGeor-I]
hanger

❺ 빨래집게
[PPalLaeJipGe]
clothes pin

❻ 실
[Sil]
thread

❼ 다리미판
[DaRiMiPan]
ironing board

❽ 다리미
[DaRiMi]
iron

❾ 걸레
[GeolLe]
rag

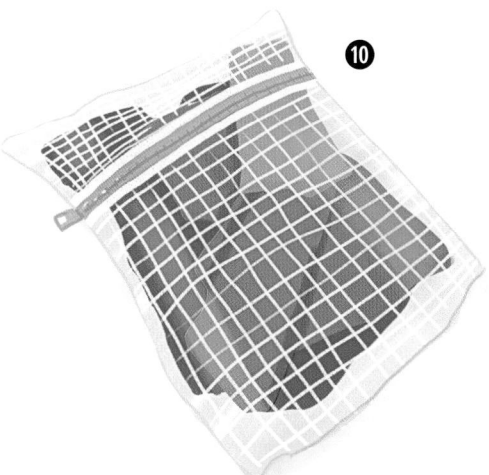

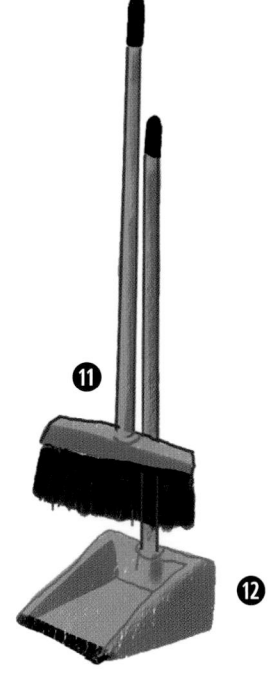

❿ 세탁물 망
[SeTangMul Mang]
washer bag

⓫ 빗자루
[BitJaRu]
broom

⓬ 쓰레받기
[SSeuReBatGi]
dustpan

⓭ 대걸레
[DaeGeolLe]
mop

⓮ 세탁기
[SeTakGi]
washing machine

⓯ 건조기
[GeonJoGi]
dryer

❶ **냉장고**
[NaengJangGo]
refrigerator

❷ **앞치마**
[ApChiMa]
apron

❸ **커피포트**
[KeoPiPoTeu]
coffee maker

❹ **환풍기**
[HwanPungGi]
kitchen range hood

❺ **찬장**
[ChanJang]
cupboard

❻ **전자레인지**
[JeonJaReInJi]
microwave oven

❼ **접시걸이선반**
[JeopSiGeor-ISeonBan]
dish rack

❽ **국자**
[GukJa]
ladle

❾ **식칼**
[SikKal]
cleaver

❿ **냄비**
[NaemBi]
pot

⓫ **가스레인지**
[GaSeuReInJi]
gas stove

⓬ **프라이팬**
[PeuRaIPaen]
frying pan

⓭ **싱크대**
[SingKeuDae]
sink

⓮ **주방 조리대**
[JuBang JoRiDae]
counter

⓯ **도마**
[DoMa]
cutting board

⓰ **식기건조기**
[SikGiGeonJoGi]
dishwasher

⓱ **오븐**
[OBeun]
oven

⓲ **수납장**
[SuNapJang]
cabinet

⓳ **믹서기**
[MikSeoGi]
blender

⓴ **전기밥솥**
[JeonGiBapSot]
steam cooker

㉑ **전기주전자**
[JeonGiJuJeonJa]
electric kettle

㉒ **토스터기**
[ToSeuTeoGi]
toaster

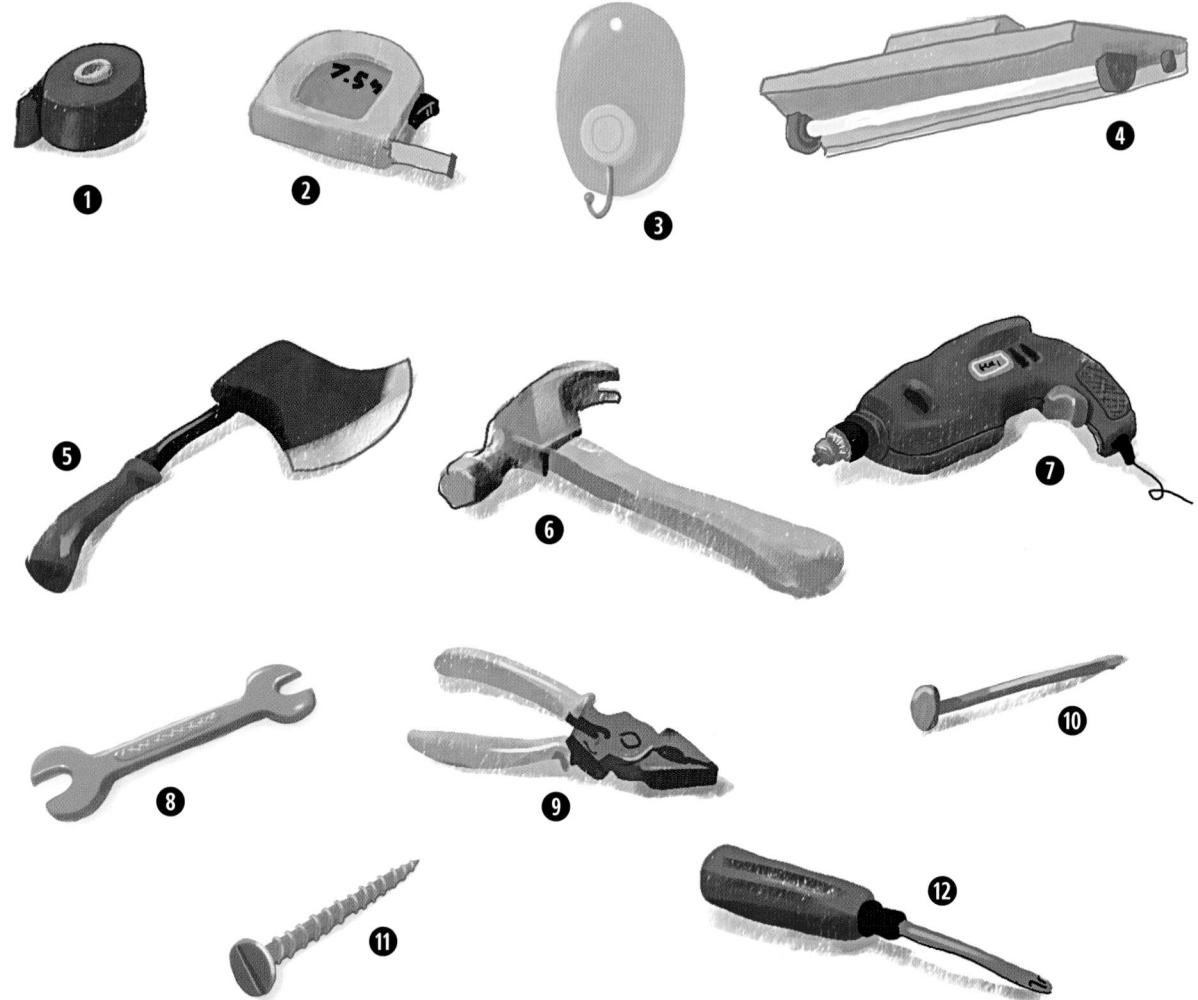

❶ 접착테이프
[JeopChakTeIPeu]
tape

❷ 줄자
[JulJa]
tape measure

❸ 고리
[GoRi]
hook

❹ 형광등
[HyeongGwangDeung]
fluorescent light

❺ 도끼
[DoKKi]
ax

❻ 망치
[MangChi]
hammer

❼ 전기드릴
[JeonGiDeuRil]
electric drill

❽ 스패너
[SeuPaeNeo]
wrench

❾ 플라이어
[PeulLaIEo]
pliers

❿ 못
[Mot]
nail

⓫ 나사 / 못
[NaSa / Mot]
screw

⓬ 드라이버
[DeuRaIBeo]
screwdriver

⑬ 손전등
[SonJeonDeung]
flashlight

⑭ 공구상자
[GongGuSangJa]
toolbox

⑮ 페인트
[PeInTeu]
paint

⑯ 페인트용 솔
[PeInTeuYong Sol]
paintbrush

⑰ 페인트 롤러
[PeInTeu RolLeo]
paint roller

⑱ 사다리
[SaDaRi]
step ladder

⑲ 삽
[Sap]
shovel

⑳ 양동이
[YangDongI]
bucket

㉑ 스펀지
[SeuPeonJi]
sponge

❶ **(진공청소기로) 청소하다**
[(JinGongCheongSoGiRo) CheongSoHaDa]
to vacuum

❷ **바닥을 청소하다**
[BaDag-Eul CheongSoHaDa]
to sweep the floor

❸ **씻다 / 세척하다**
[SSitDa / SeCheok-HaDa]
to wash the car

❹ **세탁하다**
[SeTak-HaDa]
to do the laundry

❺ **(옷을) 다림질하다**
[(Os-Eul) DaRimJilHaDa]
to iron clothes

❻ **바느질하다**
[BaNeuJilHaDa]
to sew

❼ **뜨개질을 하다**
[TTeuGaeJir-Eul HaDa]
to knit

❽ **(음식을) 먹다**
[(EumSig-Eul) MeokDa]
to eat

❾ **마시다**
[MaSiDa]
to drink

❿ **요리하다**
[YoRiHaDa]
to cook

⓫ **설거지하다**
[SeolGeoJiHaDa]
to wash the dishes

⓬ **잠자다 / 자다**
[JamJaDa / JaDa]
to sleep

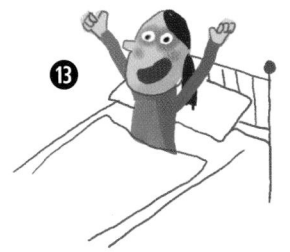

❸ **일어나다 / 깨다**
[Ir-EoNaDa / KKaeDa]
to wake up

❹ **양치질하다 / 이를 닦다**
[YangChiJilHaDa / IReul DakDa]
to brush one's teeth

❺ **세수하다 / 세면하다**
[SeSuHaDa / SeMyeonHaDa]
to wash one's face

❻ **샤워하다**
[SyaWoHaDa]
to take a shower

❼ **(옷을) 입다**
[(Os-Eul) IpDa]
to get dressed

❽ **(모자를) 쓰다**
[(MoJaReul) SSeuDa]
to put on a hat

❾ **(옷을) 벗다**
[(Os-Eul) BeotDa]
to undress

⓴ **전화를 걸다**
[JeonHwaReul GeolDa]
to call / to telephone

㉑ **(꽃에) 물을 주다**
[(KKoch-E) Mur-Eul JuDa]
to water the plants

㉒ **쓰레기를 버리다**
[SSeuReGiReul BeoRiDa]
to take out the garbage

㉓ **(창문을) 열다**
[(ChangMun-Eul) YeolDa]
to open (the window)

㉔ **(창문을) 닫다**
[(ChangMun-Eul) DatDa]
to close (the window)

㉕ **(불을) 켜다**
[(Bur-Eul) KyeoDa]
to turn on, to switch on

㉖ **(불을) 끄다**
[(Bur-Eul) KKeuDa]
to turn off, to switch off

❶ 남자
[NamJa]
man

❸ 어르신
[EoReuSin]
elderly man

❺ 중년
[JungNyeon]
middle-aged person

❷ 여자
[YeoJa]
woman

❹ 노부인
[NoBuIn]
elderly woman

❻ 소년
[SoNyeon]
boy

❼ 소녀
[SoNyeo]
girl

❽ 청소년
[CheongSoNyeon]
teenager

❾ 임산부
[ImSanBu]
pregnant woman

❿ 유아
[YuA]
toddler

⓫ 어린이
[EoRin-I]
child

⓬ 영아 / 갓난아이
[YeongA / GanNan-AI]
baby

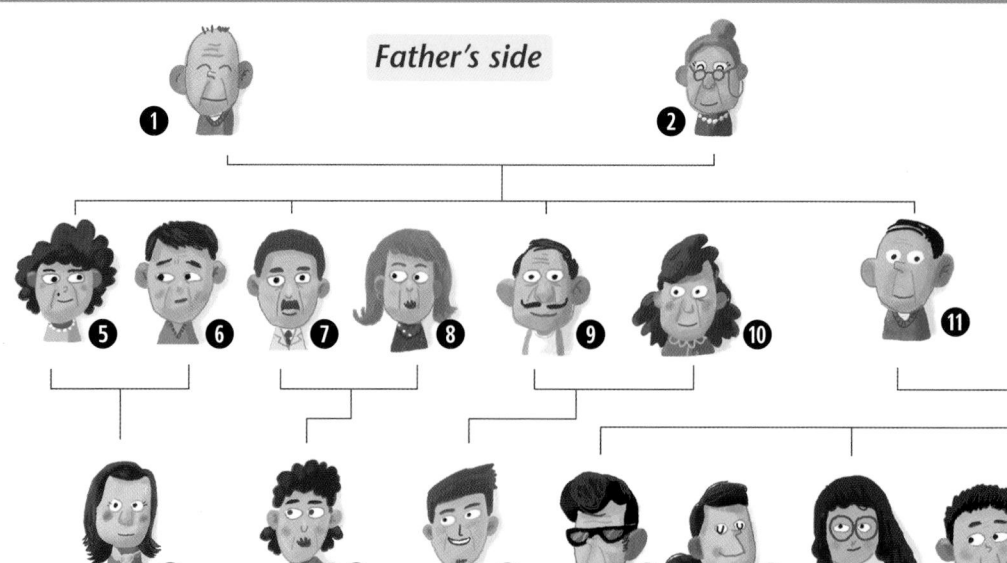

Father's side

❶ **할아버지 / 친할아버지**
[Har-ABeoJi / ChinHar-ABeoJi]
paternal grandfather

❷ **할머니 / 친할머니**
[HalMeoNi / ChinHalMeoNi]
paternal grandmother

❸ **외할아버지**
[OeHar-ABeoJi]
maternal grandfather

❹ **외할머니**
[OeHalMeoNi]
maternal grandmother

❺ **고모**
[GoMo]
aunt (father's sister)

❻ **고모부**
[GoMoBu]
uncle (father's sister's husband)

❼ **큰아버지**
[Keun-ABeoJi]
uncle (father's older brother)

❽ **큰어머니**
[Keun-EoMeoNi]
aunt (father's older brother's wife)

❾ **삼촌 / 작은아버지**
[SamChon / Jag-EunABeoJi]
uncle (father's younger brother)

❿ **숙모 / 작은어머니**
[SungMo / Jag-EunEoMeoNi]
aunt (father's younger brother's wife)

⓫ **아버지 / 아빠**
[ABeoJi/APPa]
father

⓬ **어머니 / 엄마**
[EoMeoNi / EomMa]
mother

⓭ **외삼촌**
[OeSamChon]
uncle (mother's brother)

⓮ **외숙모**
[OeSungMo]
aunt (mother's brother's wife)

⓯ **이모**
[IMo]
aunt (mother's sister)

⓰ **이모부**
[IMoBu]
uncle (mother's sister's husband)

⓱ **내외종 사촌 (형/오빠/누나/언니/동생)**
[NaeOeJong SaChon]
(Hyeong/OPPa/NuNa/EonNi/DongSaeng)
cousin (child of father's or mother's sister)

⓲ **사촌 (형/오빠/누나/언니/동생)**
[SaChon]
(Hyeong/OPPa/NuNa/EonNi/DongSaeng)
cousin (child of father's or mother's brother)

Mother's side

③

④

⑫

⑬ ⑭ ⑮

⑯

Me

㉓

㉔

㉕ ㉖

㉗ ㉘

⑱

⑰

㉝

㉞

㉟ ㊱

㉙ ㉚

⑶⑴ 生質 ㊱ 生質女

㉛

㉜

⑲ **형 / 오빠**
[Hyeong / OPPa]
older brother

㊲

⑳ **형수**
[HyeongSu]
sister-in-law (older brother's wife)

㉑ **누나 / 언니**
[NuNa / EonNi]
older sister

㉒ **매형**
[MaeHyeong]
brother-in-law (older sister's husband)

㉓ **남편**
[NamPyeon]
husband

㉔ **부인 / 아내**
[BuIn / ANae]
wife

㉕ **남동생**
[NamDongSaeng]
younger brother

㉖ **제수**
[JeSu]
sister-in-law (younger brother's wife)

㉗ **여동생**
[YeoDongSaeng]
younger sister

㉘ **매부**
[MaeBu]
brother-in-law (younger sister's husband)

㉙ **조카**
[JoKa]
nephew (brother's son)

㉚ **조카딸 / 질녀**
[JoKaTTal / JilLyeo]
niece (brother's daughter)

㉛ **생질**
[SaengJil]
nephew (sister's son)

㉜ **생질녀**
[SaengJilLyeo]
niece (sister's daughter)

㉝ **딸**
[TTal]
daughter

㉞ **사위**
[SaWi]
son-in-law

㉟ **아들**
[ADeul]
son

㊱ **며느리**
[MyeoNeuRi]
daughter-in-law

㊲ **손자 / 손녀**
[SonJa / SonNyeo]
grandchild

❶ 업무원 / 판매원
[EomMuWon / PanMaeWon]
salesman, saleswoman

❷ 비서
[BiSeo]
office assistant

❸ 비서관
[BiSeoGwan]
secretary

❹ 매니저
[MaeNiJeo]
office manager

❺ 기자
[GiJa]
reporter

❻ 선생님 / 교사
[SeonSaengNim / GyoSa]
teacher

❼ 교수
[GyoSu]
professor

❽ 공무원
[GongMuWon]
civil servant

❾ 경찰
[GyeongChal]
police officer

❿ 소방대원
[SoBangDaeWon]
firefighter

⓫ 군인
[Gun-In]
soldier

⓬ 운전기사
[UnJeonGiSa]
driver

⑬ **조종사**
[JoJongSa]
pilot

⑭ **농민**
[NongMin]
farmer

⑮ **어부**
[EoBu]
fisherman, fisherwoman

⑯ **요리사**
[YoRiSa]
chef

⑰ **건축가**
[GeonChukGa]
architect

⑱ **기술자**
[GiSulJa]
mechanic

⑲ **목수**
[MokSu]
carpenter

⑳ **노동자**
[NoDongJa]
construction worker

㉑ **배관공**
[BaeGwanGong]
plumber

❶ 의사
[UiSa]
doctor

❷ 간호사
[GanHoSa]
nurse

❸ 과학자
[GwaHakJa]
scientist

❹ 엔지니어
[EnJiNiEo]
engineer

❺ 정치가
[JeongChiGa]
politician

❻ 세일즈맨
[SeIlJeuMaen]
businessman/woman

❼ 기업가
[GiEopGa]
entrepreneur

❽ 변호사
[ByeonHoSa]
lawyer

❾ 법관 / 판사
[BeopGwan / PanSa]
judge

❿ 가이드 / 관광안내원
[GaIDeu / GwanGwangAnNaeWon]
tour guide

⓫ 중개사
[JungGaeSa]
broker/agent

⓬ 남자배우
[NamJaBaeU]
actor

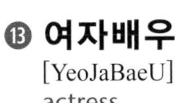

⑬ **여자배우**
[YeoJaBaeU]
actress

⑭ **가수**
[GaSu]
singer

⑮ **미용사 / 헤어디자이너**
[MiYongSa / HeEoDiJaINeo]
hairstylist

⑯ **화가**
[HwaGa]
artist

⑰ **음악가**
[Eum-AkGa]
musician

⑱ **무용가**
[MuYongGa]
dancer

⑲ **조각가**
[JoGakGa]
sculptor

⑳ **운동선수**
[UnDongSeonSu]
athlete

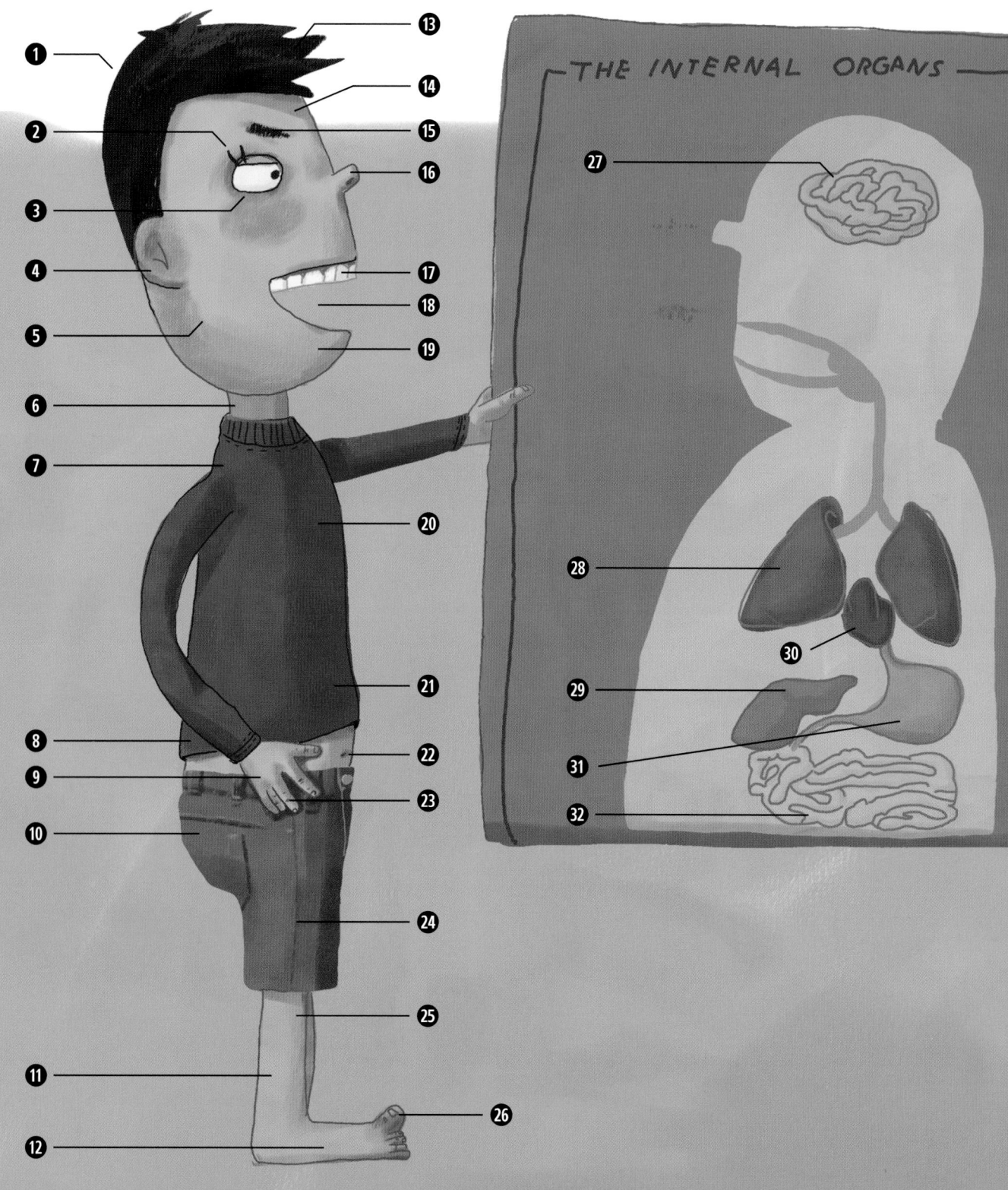

❶ 머리
[MeoRi]
head

❷ 속눈썹
[SongNunSSeop]
eyelash

❸ 눈
[Nun]
eye

❹ 귀
[Gwi]
ear

❺ 뺨 / 볼
[PPyam / Bol]
cheek

❻ 목
[Mok]
neck

❼ 어깨
[EoKKae]
shoulder

❽ 허리
[HeoRi]
waist

❾ 손
[Son]
hand

❿ 엉덩이
[EongDeongI]
bottom

⓫ 종아리
[JongARi]
leg

⓬ 발
[Bal]
foot

⓭ 머리카락
[MeoRiKaRak]
hair

⓮ 이마
[IMa]
forehead

⓯ 눈썹
[NunSSeop]
eyebrow

⓰ 코
[Ko]
nose

⓱ 치아
[ChiA]
tooth

⓲ 입
[Ip]
mouth

⓳ 턱
[Teok]
chin

⓴ 가슴
[GaSeum]
chest

㉑ 배
[Bae]
belly

㉒ 배꼽
[BaeKKop]
navel

㉓ 손가락
[SonGaRak]
finger

㉔ 허벅지
[HeoBeokJi]
thigh

㉕ 무릎
[MuReup]
knee

㉖ 발가락
[BalGaRak]
toe

㉗ 뇌
[Noe]
brain

㉘ 폐
[Pye]
lung

㉙ 간
[Gan]
liver

㉚ 심장
[SimJang]
heart

㉛ 위
[Wi]
stomach

㉜ 장
[Jang]
intestines

❶ **행복하다**
[HaengBoK-HaDa]
happy

❷ **흥분하다**
[HeungBunHaDa]
excited

❸ **원기왕성하다**
[WonGiWangSeongHaDa]
energetic

❹ **놀라다**
[NolLaDa]
surprised

❺ **화나다**
[HwaNaDa]
angry

❻ **난처하다**
[NanCheoHaDa]
embarrassed

❼

❽

❾

❿

⓫

⓬

❼ **부끄럽다**
[BuKKeuReopDa]
shy

❽ **긴장하다**
[GinJangHaDa]
nervous

❾ **미소짓다**
[MiSoJitDa]
smiling

❿ **웃다**
[UtDa]
laughing

⓫ **울다**
[UlDa]
crying

⓬ **피곤하다 / 피로하다**
[PiGonHaDa / PiRoHaDa]
tired

❶ (뒤로) 넘어지다
[(DwiRo) Neom-EoJiDa]
to fall flat on one's back

❷ (걸려) 넘어지다
[(GeolLyeo) Neom-EoJiDa]
to fall

❸ 서다
[SeoDa]
to stand

❹ 무릎꿇다
[MuReupKKulTa]
to kneel

❺ 쭈그리고앉다
[JJuGeuRiGoAnDa]
to squat

❻ 물구나무서다
[MulGuNaMuSeoDa]
to do a handstand

❼ 걷다 / 가다
[GeotDa / GaDa]
to walk

❽ 기다
[GiDa]
to crawl

❾ 뛰다
[TTwiDa]
to jump

⑩ 차다
[ChaDa]
to kick

⑪ 앉다
[AnDa]
to sit

⑫ 눕다
[NupDa]
to lie down

⑬ 엎드리다
[EopDeuRiDa]
to lie face down

⑭ 메다 / 업다
[MeDa / EopDa]
to carry (something) on (one's) back

⑮ 기지개를 펴다
[GiJiGaeReul PyeoDa]
to stretch

❶ **십자 회전문**
[SipJa HoeJeonMun] turnstile

❷ **냉동식품**
[NaengDongSikPum] frozen foods

❸ **유제품**
[YuJePum] dairy products

❹ **음료**
[EumNyo] beverages

❺ **캔 (식품)**
[Kaen (SikPum)] canned foods

❻ **포장식품**
[PoJangSikPum] packaged foods

❼ **빵**
[PPang] bread

❽ **스넥 / 간식**
[SeuNek / GanSik] snacks

❾ **쇼핑백**
[SyoPingBaek] shopping bag

❿ **시식코너**
[SiSikKoNeo] free sample

⓫ **육류**
[YungNyu] meat

⓬ **해산물**
[HaeSanMul] seafood

⓭ **장바구니**
[JangBaGuNi] basket

⓮ **야채**
[YaChae] vegetables

⑮ **과일**
[GwaIl] fruit

⑯ **고객 / 손님**
[GoGaek / SonNim] customer

⑰ **카트**
[KaTeu] shopping cart

⑱ **계산대**
[GyeSanDae] cash register

⑲ **바코드스캐너**
[BaKoDeuSeuKaeNeo] scanner

⑳ **수납원**
[SuNab-Won] cashier

㉑ **비닐봉지**
[BiNilBongJi] plastic bag

㉒ **현금**
[HyeonGeum] cash

㉓ **영수증**
[YeongSuJeung] receipt

㉔ **분리수거함**
[BulLiSuGeoHam] recycling bin

㉕ **분식**
[BunSik] deli food

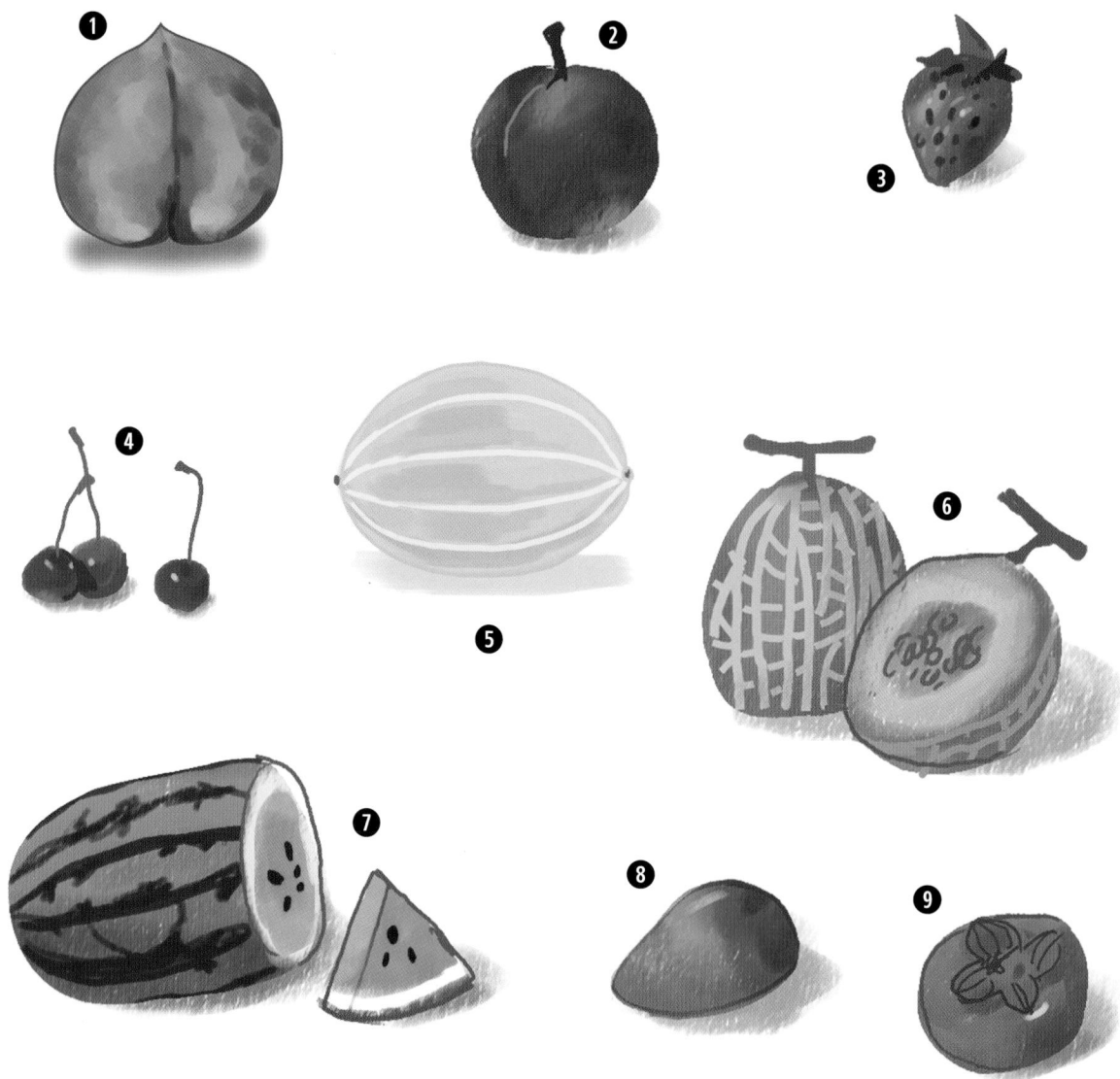

❶ 복숭아
[BokSungA]
peach

❷ 자두
[JaDu]
plum

❸ 딸기
[TTalGi]
strawberry

❹ 앵두 / 체리
[AengDu / CheRi]
cherry

❺ 참외
[Cham-Oe]
melon

❻ 메론
[MeRon]
cantaloupe

❼ 수박
[SuBak]
watermelon

❽ 망고
[MangGo]
mango

❾ 감
[Gam]
persimmon

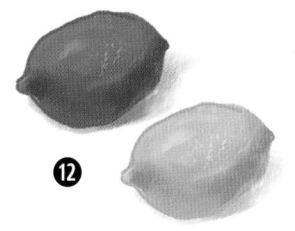

⑩ 배
[Bae]
pear

⑪ 키위
[KiWi]
kiwi fruit

⑫ 레몬
[ReMon]
lemon

⑬ 귤
[Gyul]
tangerine

⑭ 오렌지
[ORenJi]
orange

⑮ 포도
[PoDo]
grapes

⑯ 사과
[SaGwa]
apple

⑰ 바나나
[BaNaNa]
banana

⑱ 파인애플
[PaIn-AePeul]
pineapple

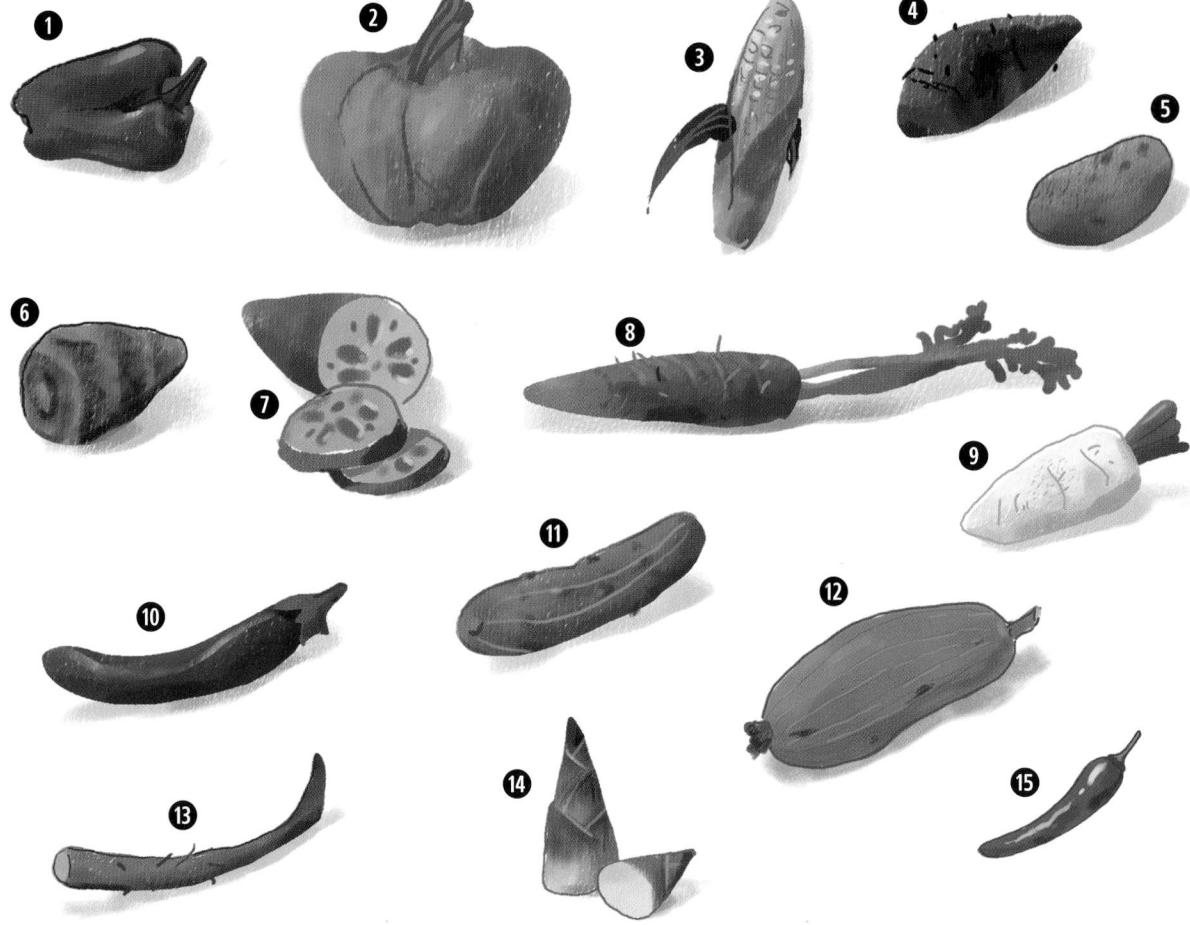

❶ 피망
[PiMang]
green pepper

❷ 호박
[HoBak]
pumpkin

❸ 옥수수
[OkSuSu]
corn

❹ 고구마
[GoGuMa]
sweet potato

❺ 감자
[GamJa]
potato

❻ 토란
[ToRan]
taro

❼ 연근
[YeonGeun]
lotus root

❽ 당근 / 홍당무
[DangGeun/ HongDangMu]
carrot

❾ 무
[Mu]
radish

❿ 가지
[GaJi]
eggplant

⓫ 오이
[OI]
cucumber

⓬ 수세미
[SuSeMi]
loofah

⓭ 우엉
[UEong]
burdock

⓮ 죽순
[JukSun]
bamboo shoot

⓯ 고추
[GoChu]
hot pepper

⑯ 상추
[SangChu]
lettuce

⑰ 양배추 / 캐비지
[YangBaeChu / KaeBiJi]
cabbage

⑱ 배추
[BaeChu]
Chinese cabbage

⑲ 콩나물
[KongNaMul]
bean sprouts

⑳ 버섯
[BeoSeot]
mushrooms

㉑ 토마토
[ToMaTo]
tomato

㉒ 셀러리
[SelLeoRi]
celery

㉓ 양파
[YangPa]
onion

㉔ 파
[Pa]
green onions

㉕ 마늘
[MaNeul]
garlic

㉖ 생강
[SaengGang]
ginger

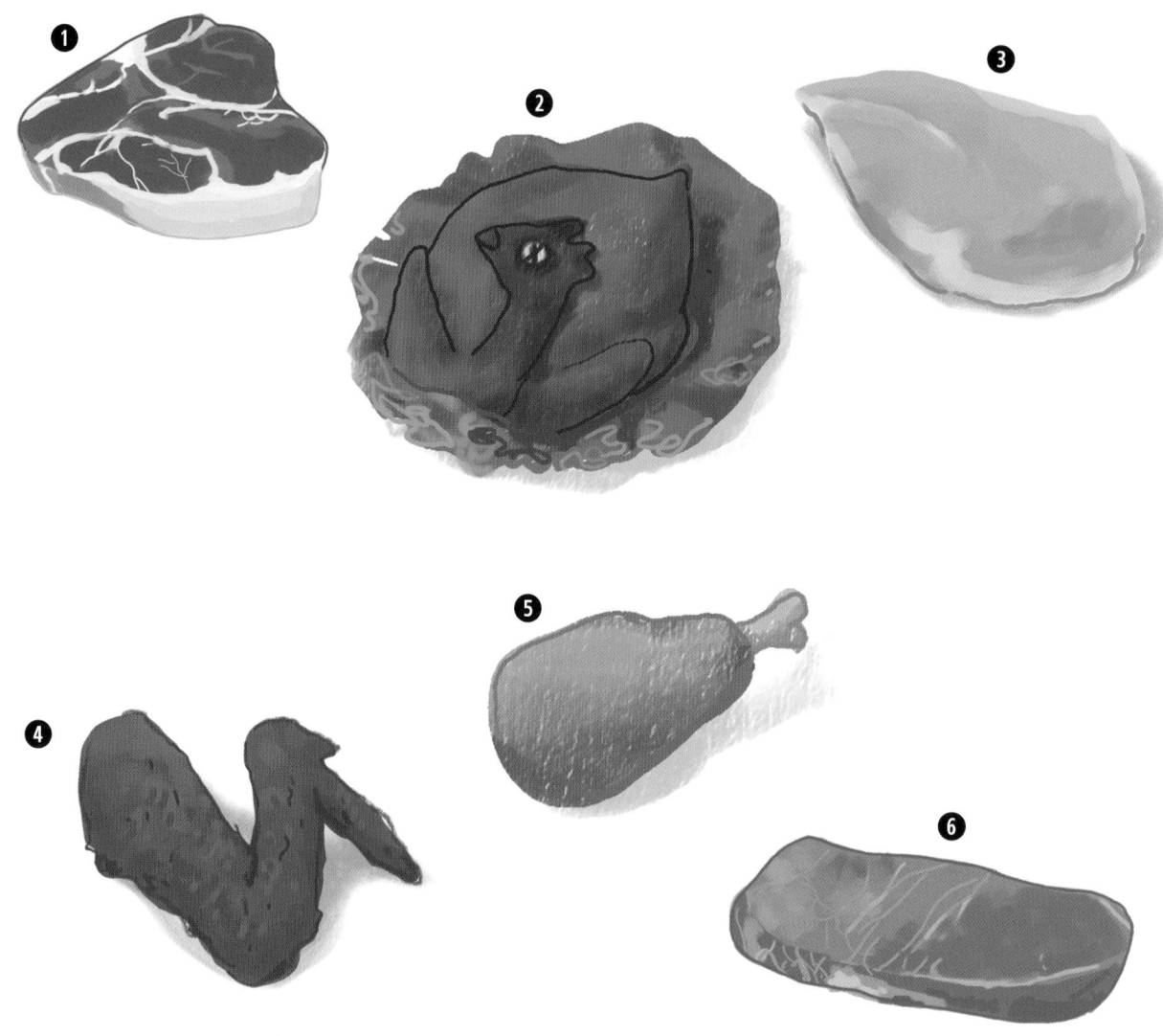

❶ 소고기
[SoGoGi]
beef

❷ 닭고기
[DakGoGi]
chicken

❸ 닭가슴살
[DakGaSeumSal]
chicken breast

❹ 닭날개
[DangNalGae]
chicken wing

❺ 닭다리
[DakDaRi]
chicken drumstick

❻ 돼지고기
[DwaeJiGoGi]
pork

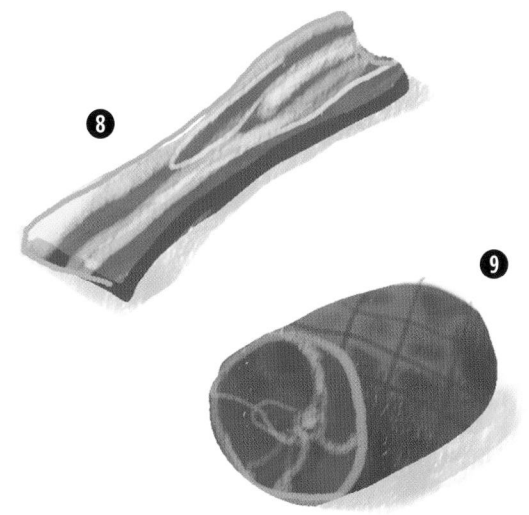

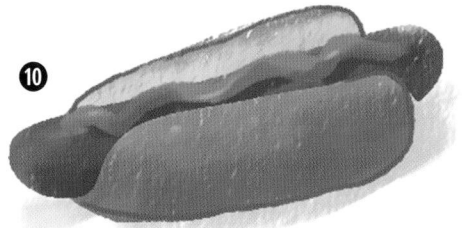

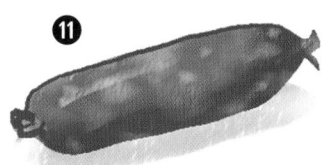

⓫ **소시지**
[SoSiJi]
sausage

❼ **칠면조**
[ChilMyeonJo]
turkey

❾ **햄**
[Haem]
ham

⓬ **육포**
[YukPo]
jerky

❽ **베이컨**
[BeIKeon]
bacon

❿ **핫도그**
[HatDoGeu]
hot dog

⓭ **양고기**
[YangGoGi]
lamb

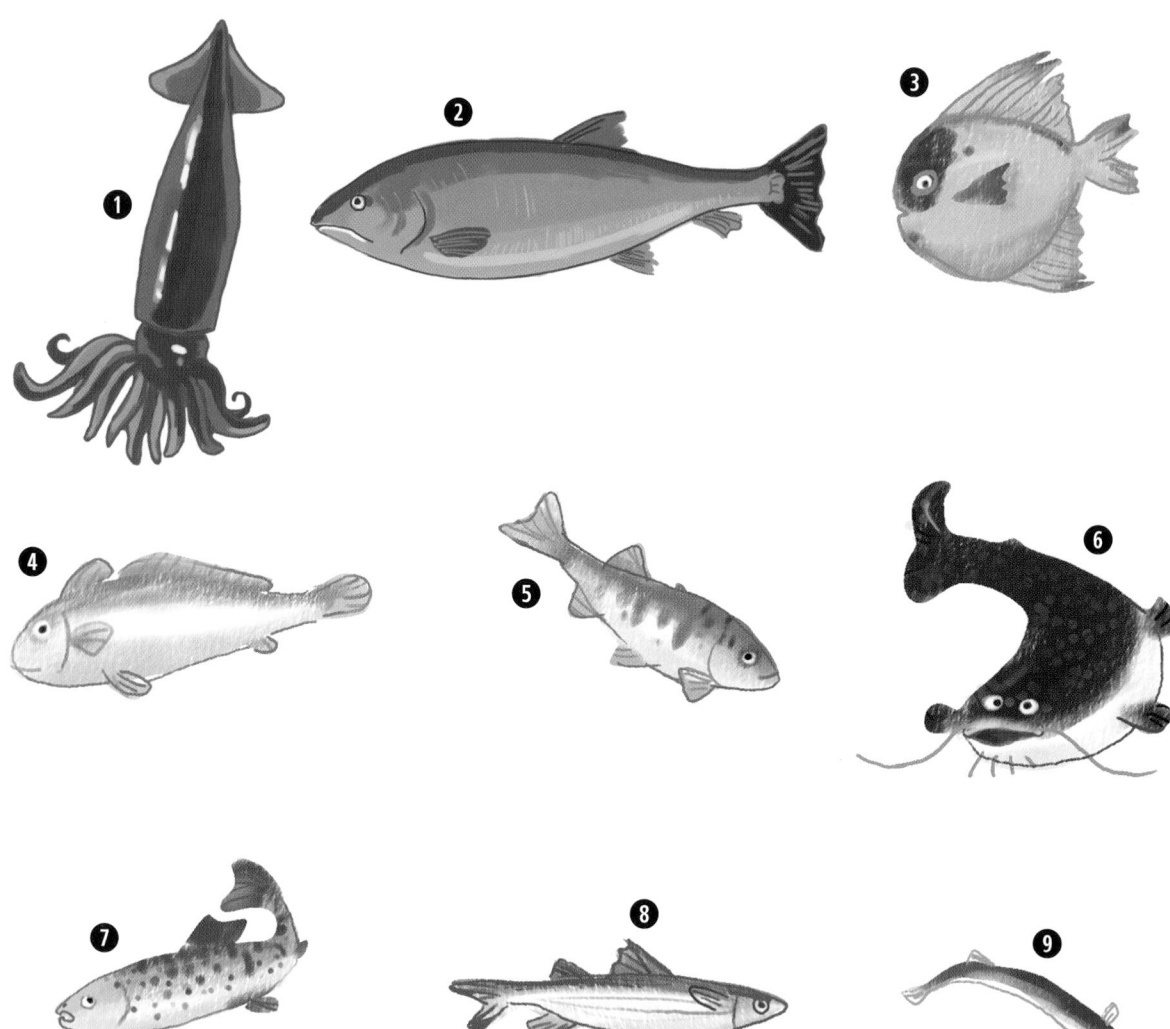

❶ 오징어
[OJingEo]
squid

❷ 고등어
[GoDeungEo]
mackerel

❸ 병어
[ByeongEo]
pomfret

❹ 참조기 / 황석어
[ChamJoGi / HwangSeog-Eo]
yellow croaker

❺ 송어
[SongEo]
trout

❻ 메기
[MeGi]
catfish

❼ 우럭
[UReok]
grouper

❽ 가물치
[GaMulChi]
gray mullet

❾ 미꾸라지
[MiKKuRaJi]
loach

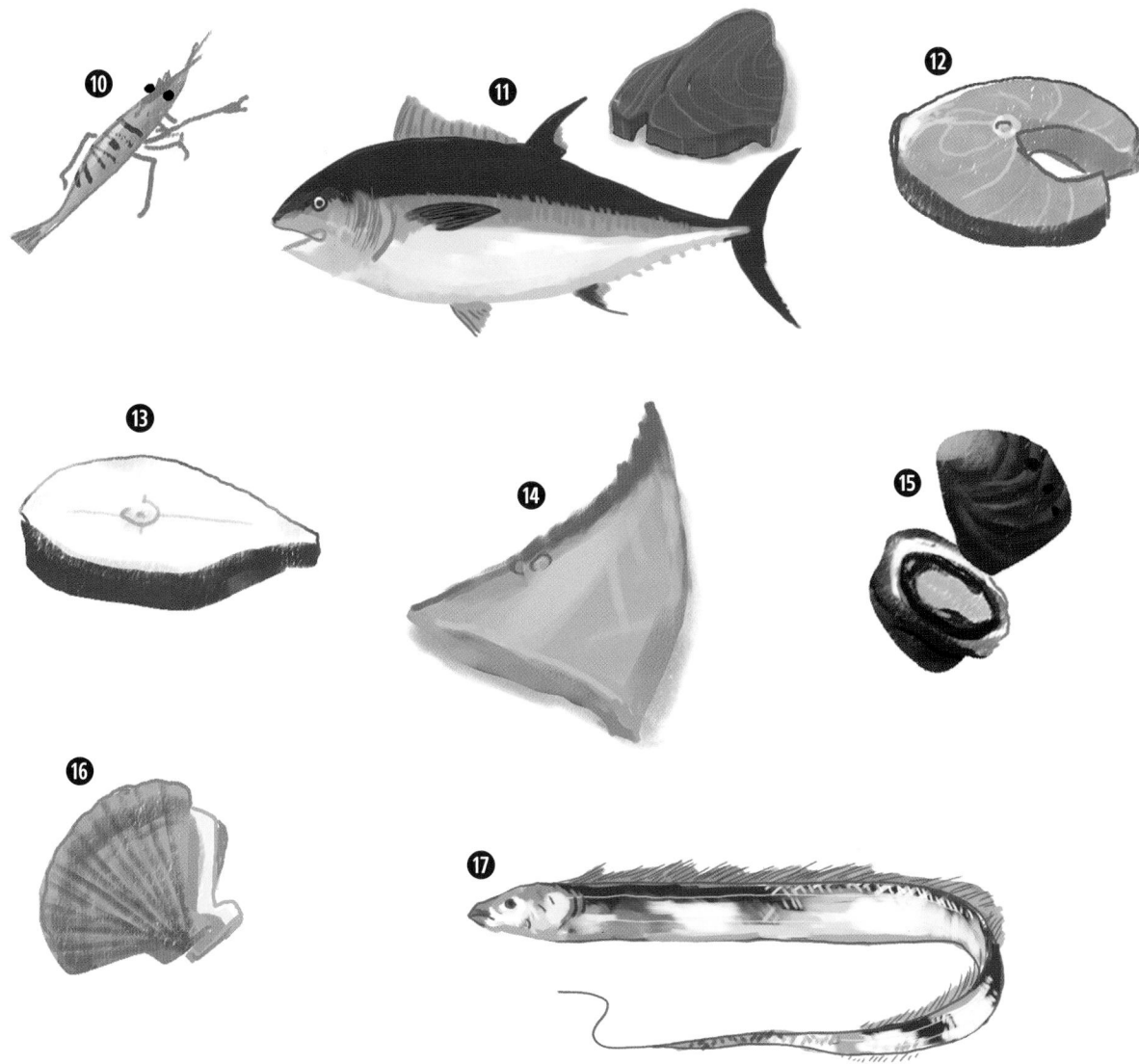

⑩ **새우**
[SaeU]
shrimp

⑪ **참치**
[ChamChi]
tuna fillet

⑫ **연어**
[Yeon-Eo]
salmon fillet

⑬ **대구**
[DaeGu]
cod fillet

⑭ **상어지느러미**
[SangEoJiNeuReoMi]
shark fin

⑮ **전복**
[JeonBok]
abalone

⑯ **가리비 조개**
[GaRiBi JoGae]
scallop

⑰ **갈치**
[GalChi]
hairtail

❶ 콜라
[KolLa]
cola

❷ 탄산음료
[TanSan-EumNyo]
soda

❸ 스무디
[SeuMuDi]
smoothie

❹ 커피
[KeoPi]
coffee

❺ 핫초코
[HatChoKo]
hot chocolate

❻ 우롱차
[URongCha]
oolong tea

❼ 식혜
[Sik-Hye]
Korean rice beverage

❽ 수정과
[SuJeongGwa]
Korean fruit punch

❾ 녹차
[NokCha]
green tea

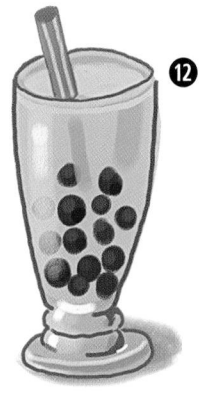

⑩ **아이스 티**
[AISeu Ti]
iced tea

⑪ **밀크 티**
[MilKeu Ti]
milk tea

⑫ **쩐주나이차 / 밀크버블티**
[JJeonJuNaICha / MilKeuBeoBeulTi]
bubble milk tea

⑬ **우유**
[UYu]
milk

⑭ **두유**
[DuYu]
soy bean milk

⑮ **유기농 음료**
[YuGiNong EumNyo]
organic drink

⑯ **생수 / 물**
[SangSu / Mul]
mineral water

⑰ **레몬에이드**
[ReMon-EIDeu]
lemonade

⑱ **주스**
[JuSeu]
juice

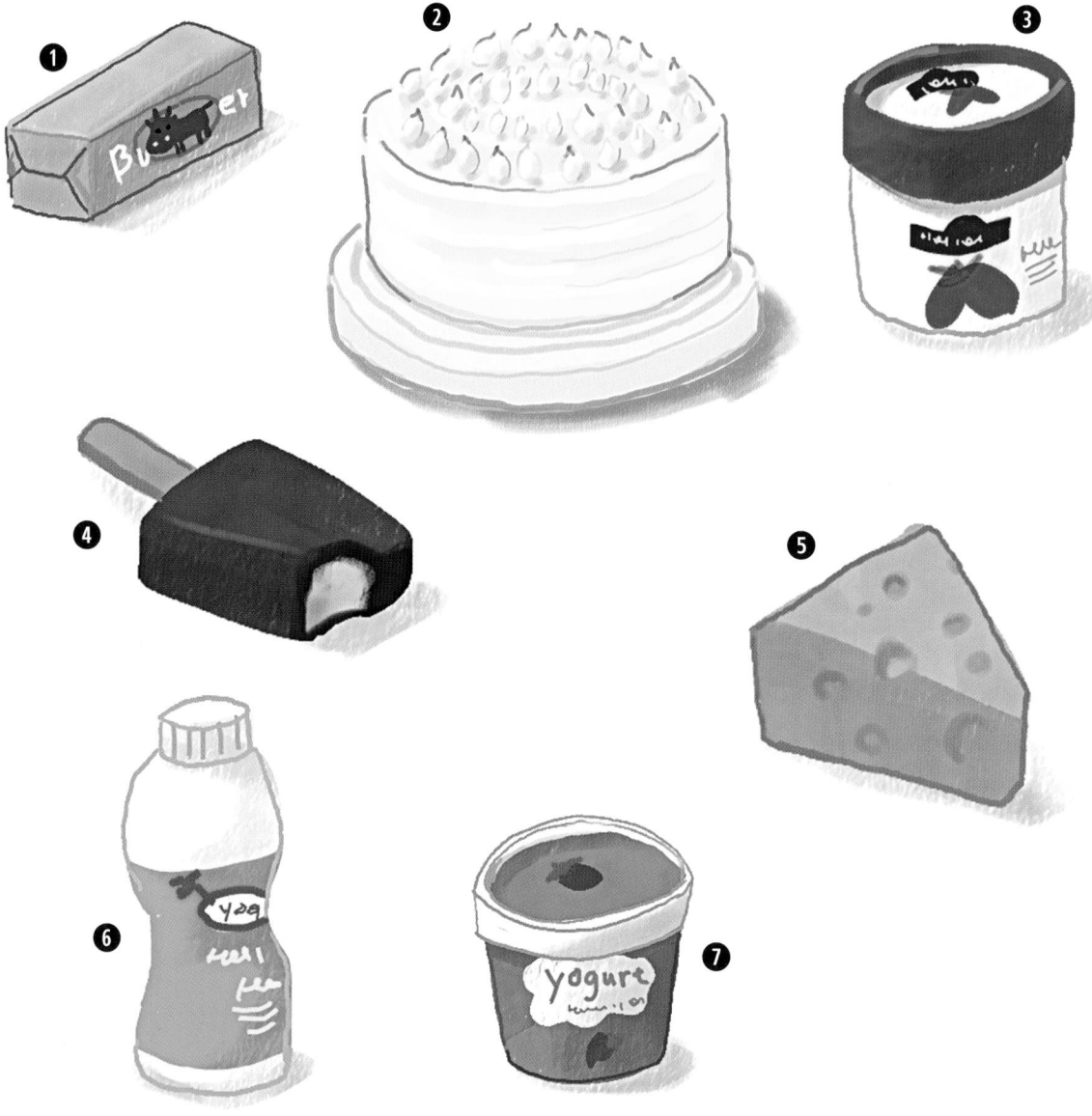

❶ 버터
[BeoTeo]
butter

❷ 크림
[KeuRim]
cream

❸ 아이스크림
[AISeuKeuRim]
ice cream

❹ 아이스바
[AISeuBa]
ice cream bar

❺ 치즈
[ChiJeu]
cheese

❻ 요구르트
[YoGuReuTeu]
yogurt / drinking yogurt

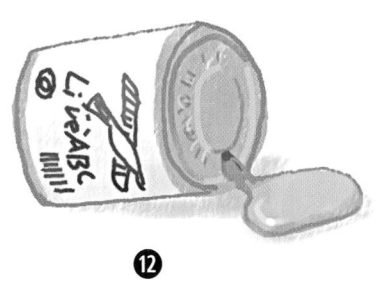

❼ **요거트**
[YoGeoTeu]
frozen yogurt

❽ **생크림**
[SaengKeuRim]
whipped cream

❾ **저지방 우유**
[JeoJiBang UYu]
low-fat milk

❿ **우유**
[UYu]
whole milk

⓫ **분유**
[Bun-Yu]
powdered milk

⓬ **연유**
[Yeon-Yu]
condensed milk

⓭ **밀크셰이크**
[MilKeuSyeIKeu]
milk shake

❶ 피클
[PiKeul]
pickles

❷ 냅킨
[NaepKin]
paper napkins

❸ 빨대
[PPalDae]
straw

❹ 포장용봉투
[PoJangYongBongTu]
doggie bag

❺ 팬케익 / 팬케이크
[PaenKeIk / PaenKeIKeu]
pancakes

❻ 치킨너겟
[ChiKinNeoGet]
chicken nuggets

❼ 도너츠
[DoNeoCheu]
doughnuts

❽ 양파링
[YangPaRing]
onion rings

❾ 크루아상
[KeuRuASang]
croissant

❿ 가지고 가다
[GaJiGo GaDa]
to go

⑪ **스툴 / 의자**
[SeuTul / UiJa]
stool

⑫ **햄버거**
[HaemBeoGeo]
hamburger

⑬ **여기서 먹다**
[YeoGiSeo MeokDa]
for here

⑭ **감자튀김**
[GamJaTwiGim]
french fries

⑮ **쟁반**
[JaengBan]
serving tray

⑯ **베이글**
[BeIGeul]
bagel

⑰ **후라이드치킨**
[HuRaIDeuChiKin]
fried chicken

⑱ **머핀**
[MeoPin]
muffins

⑲ **와플**
[WaPeul]
waffle

55

① **남자종업원 / 웨이터**
[NamJaJongEob-Won / WeITeo]
waiter

② **얼음통**
[Eor-EumTong]
ice bucket

③ **물주전자**
[MulJuJeonJa]
teapot

④ **커피포트**
[KeoPiPoTeu]
coffeepot

⑤ **여자종업원 / 웨이트리스**
[YeoJaJongEob-Won / WeITeuRiSeu]
waitress

⑥ **테이블보**
[TeIBeulBo]
tablecloth

⑦ **메뉴**
[MeNyu]
menu

⑧ **후추통**
[HuChuTong]
pepper grinder

⑨ **소금통**
[SoGeumTong]
salt shaker

⑩ **계산서**
[GyeSanSeo]
bill

⑪ **이쑤시개**
[ISSuSiGe]
toothpicks

⑫ **식탁용매트**
[SikTag-YongMaeTeu]
placemat

⑬ **냅킨**
[NaepKin]
napkin

⑭ **주인**
[JuIn]
hostess

⑮ **계산대**
[GyeSanDae]
counter

04 · At a Restaurant

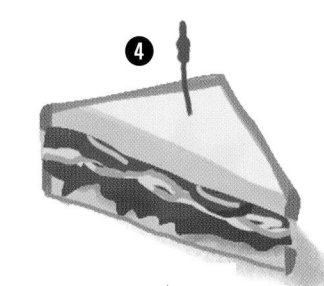

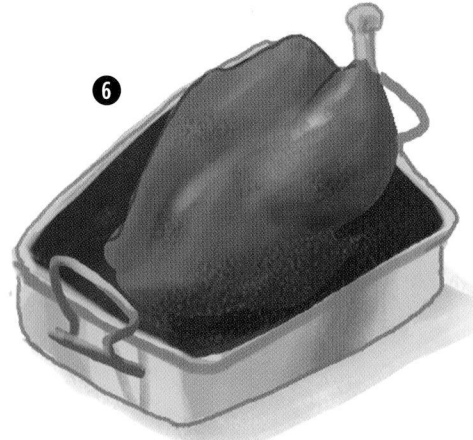
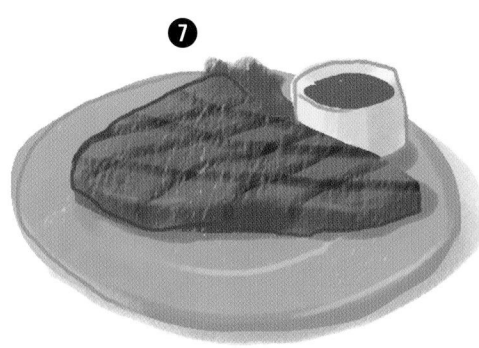

❶ 에피타이저
[EPiTaIJeo]
appetizer

❷ 샐러드
[SaelLeoDeu]
salad

❸ 수프
[SuPeu]
soup

❹ 샌드위치
[SaenDeuWiChi]
sandwich

❺ 타코
[TaKo]
taco

❻ 통닭
[TongDak]
roast chicken

❼ 스테이크
[SeuTeIKeu]
steak

❽ 스파게티
[SeuPaGeTi]
spaghetti

❾ 애플파이
[AePeulPaI]
apple pie

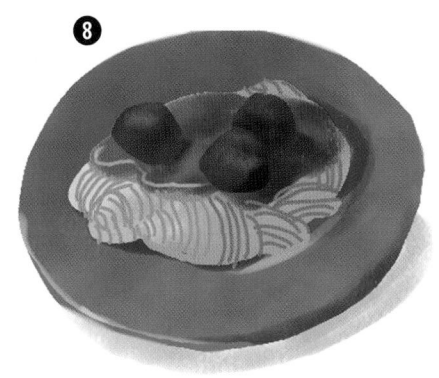

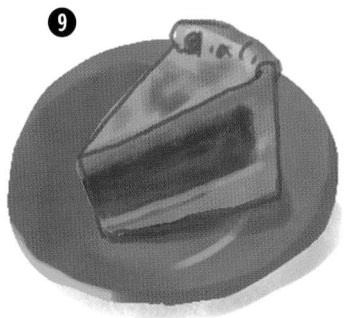

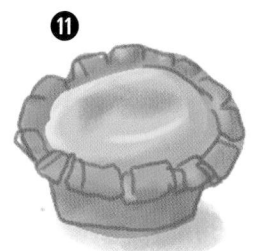

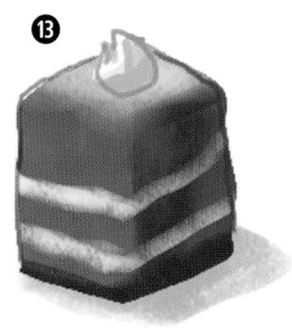

⑩ **호박파이**
[HoBakPaI]
pumpkin pie

⑪ **에그 타르트**
[EGeu TaReuTeu]
egg custard

⑫ **아이스크림**
[AISeuKeuRim]
ice cream

⑬ **초코릿 케이크**
[ChoKoRit KeIKeu]
chocolate cake

⑭ **푸딩**
[PuDing]
pudding

❶ 숟가락
[SutGaRak]
spoon

❷ 젓가락
[JeotGaRak]
chopsticks

❸ 그릇
[GeuReut]
bowl

❹ 포크
[PoKeu]
fork

❺ 샐러드 포크
[SaelLeoDeu PoKeu]
dessert fork

❻ 차스푼
[ChaSeuPun]
teaspoon

⑪ 접시
[JeopSi]
saucer

⑦ 스테이크 나이프
[SeuTeIKeu NaIPeu]
steak knife

⑨ 버터 나이프
[BeoTeo NaIPeu]
butter knife

⑫ 물컵
[MulKeop]
water glass

⑧ 디너 나이프
[DiNeo NaIPeu]
dinner knife

⑩ 쟁반
[JaengBan]
plate

⑬ 양초
[YangCho]
candle

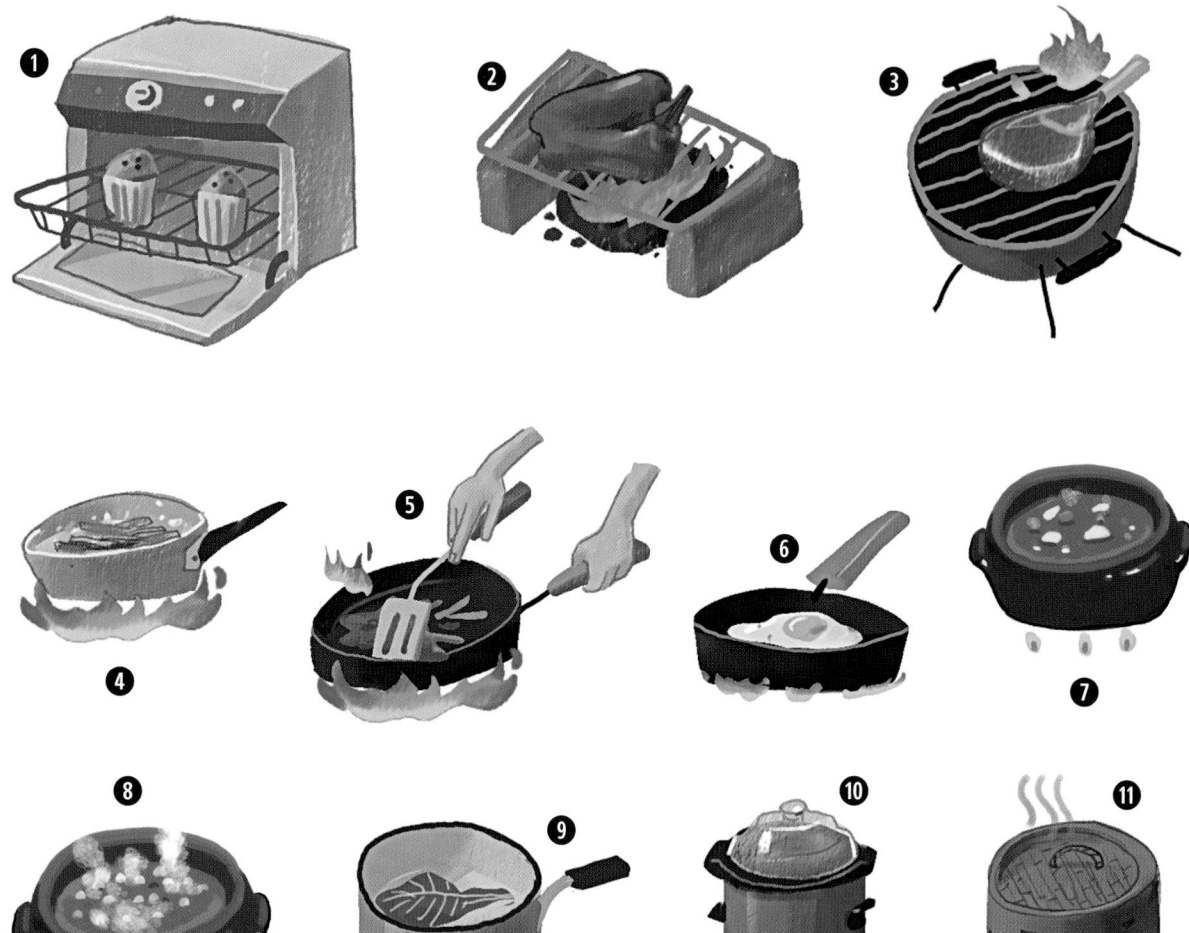

① 굽다
[GupDa]
to bake

② (불로) 굽다
[(BulLo) GupDa]
to grill

③ 불고기 / 바비큐
[BulGoGi / BaBiKyu]
to barbecue

④ 튀기다
[TwiGiDa]
to deep fry

⑤ 볶다
[BokDa]
to stir-fry

⑥ 부치다
[BuChiDa]
to fry

⑦ 데우다
[DeUDa]
to simmer

⑧ 끓이다
[KKeur-IDa]
to boil

⑨ 데치다
[DeChiDa]
to blanch

⑩ 고다 / 삶다
[GoDa / SamDa]
to stew

⑪ 찌다
[JJiDa]
to steam

⑫ 섞다 / 비비다
[SeokDa / BiBiDa]
to toss

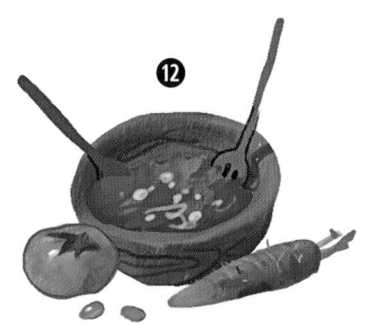

⑫

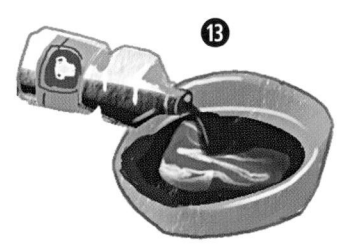

⑬

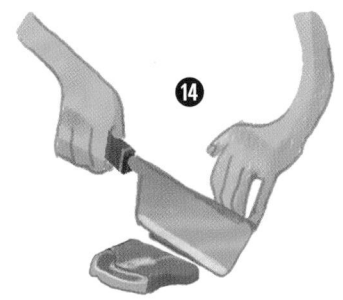

⑭

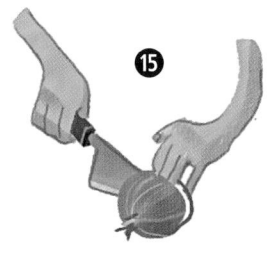

⑮

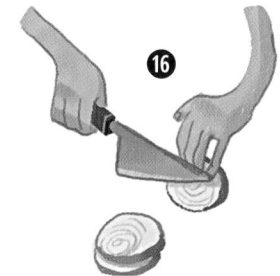

⑯

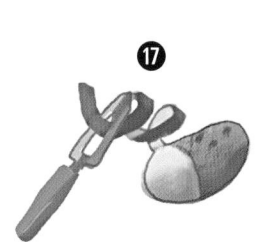

⑰

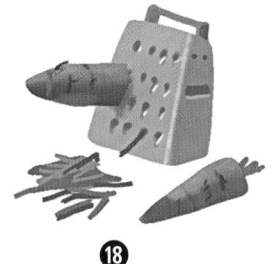

⑱

⑲

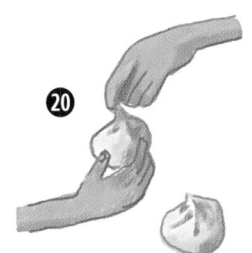

⑳

㉑

⑬ **절이다**
[Jeor-IDa]
to marinate

⑭ **잘게 다지다 / 썰다**
[JalGe DaJiDa / SSeolDa]
to chop

⑮ **자르다**
[JaReuDa]
to cut

⑯ **얇게 썰다**
[YalGe SSeolDa]
to slice

⑰ **벗기다 / 깍다**
[BeotGiDa / KKakDa]
to peel

⑱ **(강판에) 갈다**
[(GangPan-E) GalDa]
to grate

⑲ **뿌리다**
[PPuRiDa]
to sprinkle

⑳ **싸다**
[SSaDa]
to wrap

㉑ **(계란을) 깨다**
[(GyeRan-Eul) KKaeDa]
to crack (an egg)

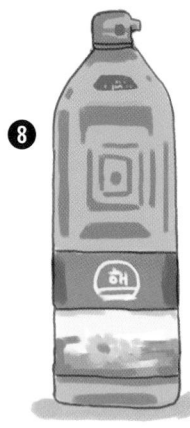

❶ 설탕
[SeolTang]
rock sugar

❷ 흑설탕
[HeukSeolTang]
brown sugar

❸ 소금
[SoGeum]
salt

❹ 고춧가루
[GoChutGaRu]
chili powder

❺ 후추
[HuChu]
pepper

❻ 화학조미료
[HwaHakJoMiRyo]
MSG (monosodium glutamate)

❼ 식초
[SikCho]
vinegar

❽ 샐러드유
[SaelLeoDeuYu]
cooking oil

❾ 올리브유
[OlLiBeuYu]
olive oil

⑯ **토마토케찹**
[ToMaToKeChap]
ketchup

❿ **간장**
[GanJang]
soy sauce

⑬ **녹말가루**
[NongMalGaRu]
potato starch

⑰ **칠리소스**
[ChilLiSoSeu]
chili sauce

⑪ **참기름**
[ChamGiReum]
sesame oil

⑭ **카레**
[KaRe]
curry

⑱ **고추장**
[GoChuJang]
Korean chili sauce

⑫ **옥수수전분**
[OkSuSuJeonBun]
cornstarch

⑮ **겨자 소스**
[GyeoJa SoSeu]
mustard

⑲ **된장**
[DoenJang]
Korean soybean paste

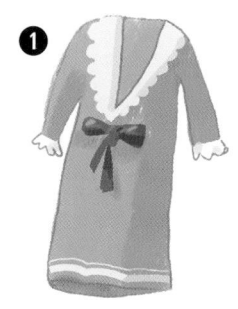

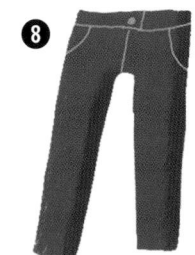
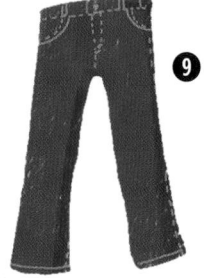

❶ 원피스
[WonPiSeu]
dress

❷ 예복
[YeBok]
gown

❸ 슈트 / 정장
[SyuTeu / JeongJang]
suit

❹ 셔츠
[SyeoCheu]
shirt

❺ 조끼
[JoKKi]
vest

❻ 티셔츠
[TiSyeoCheu]
T-shirt

❼ 치마
[ChiMa]
skirt

❽ 바지
[BaJi]
pants, trousers

❾ 청바지
[CheongBaJi]
jeans

❿ 반바지
[BanBaJi]
shorts

⓫ 사각팬티
[SaGakPaenTi]
boxers

⑫ **스웨터**
[SeuWeTeo]
sweater

⑬ **외투 / 자켓**
[OeTu / JaKet]
jacket

⑭ **오리털잠바**
[ORiTeolJamBa]
down coat

⑮ **운동복**
[UnDongBok]
sportswear

⑯ **유니폼 / 제복**
[YuNiPom / JeBok]
uniform

⑰ **우의 / 비옷**
[UUi / BiOt]
raincoat

⑱ **잠옷 / 파자마**
[Jam-Ot / PaJaMa]
pajamas

⑲ **브라**
[BeuRa]
bra

⑳ **팬티**
[PaenTi]
underwear

05 · Clothing

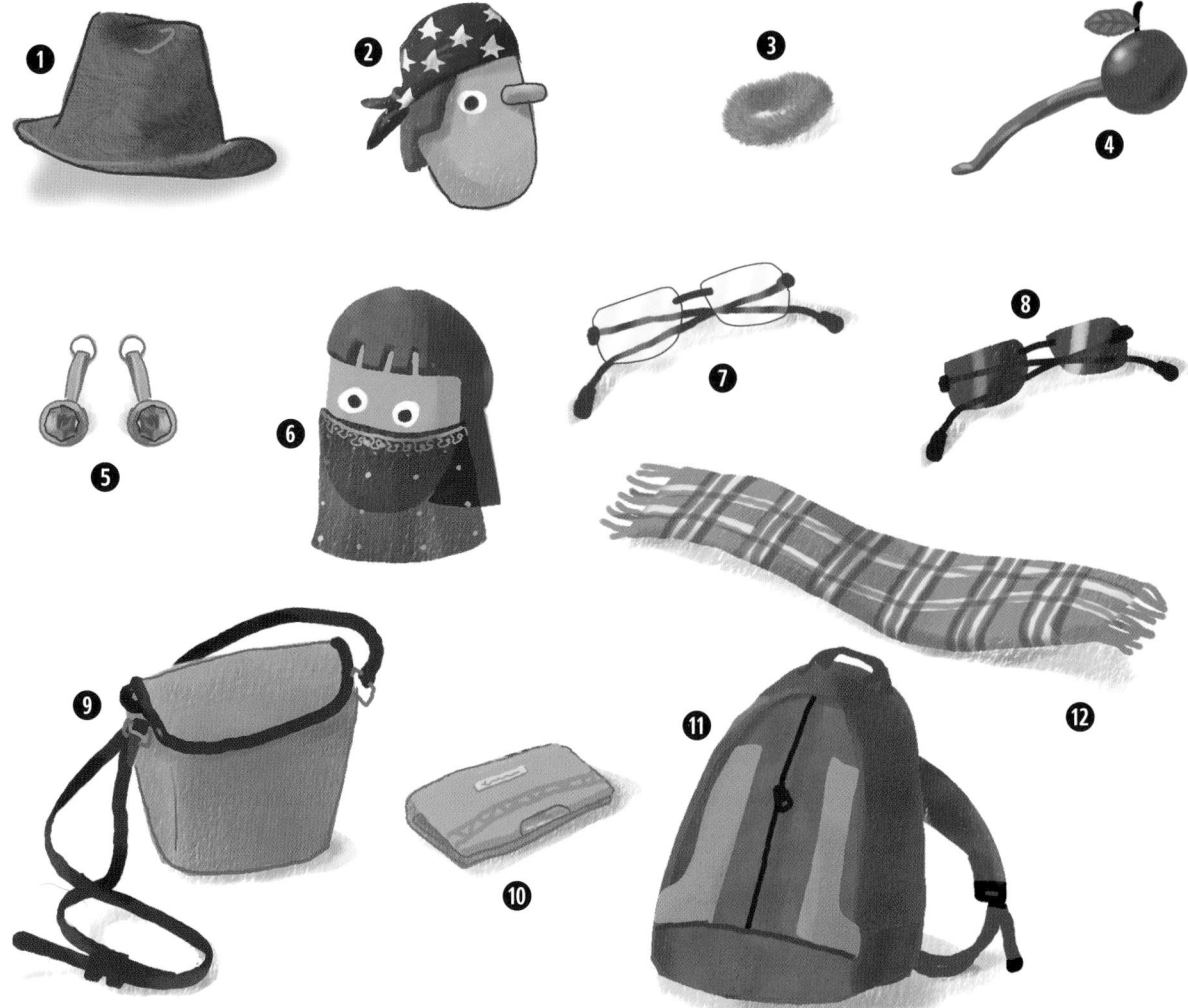

① 모자
[MoJa]
hat

② 두건
[DuGeon]
bandana

③ 머리끈
[MeoRiKKeun]
hair band

④ 머리핀
[MeoRiPin]
hair clip

⑤ 귀걸이
[GwiGeor-I]
earrings

⑥ 베일
[BeIl]
veil

⑦ 안경
[AnGyeong]
eyeglasses

⑧ 선글라스
[SeonGeulLaSeu]
sunglasses

⑨ 가방
[GaBang]
purse

⑩ 지갑
[JiGap]
wallet

⑪ 배낭
[BaeNang]
backpack

⑫ 목도리
[MokDoRi]
scarf

⑬ 스카프
[SeuKaPeu]
silk scarf

⑭ 목걸이
[MokGeor-I]
necklace

⑮ 팔찌
[PalJJi]
bracelet

⑯ 손목시계
[SonMokSiGye]
wristwatch

⑰ 나비넥타이
[NaBiNekTaI]
bow tie

⑱ 넥타이
[NekTaI]
necktie

⑲ 넥타이핀
[NekTaIPin]
tie clip

⑳ 소매단추
[SoMaeDanChu]
cuff link

㉑ 브로치
[BeuRoChi]
brooch

㉒ 허리띠 / 벨트
[HeoRiTTi / BelTeu]
belt

㉓ 우산 / 양산
[USan / YangSan]
umbrella

㉔ 장갑
[JangGap]
glove

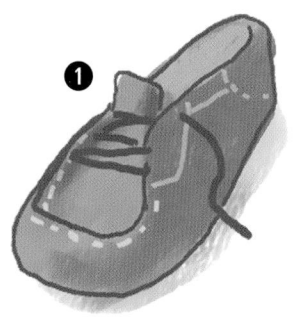

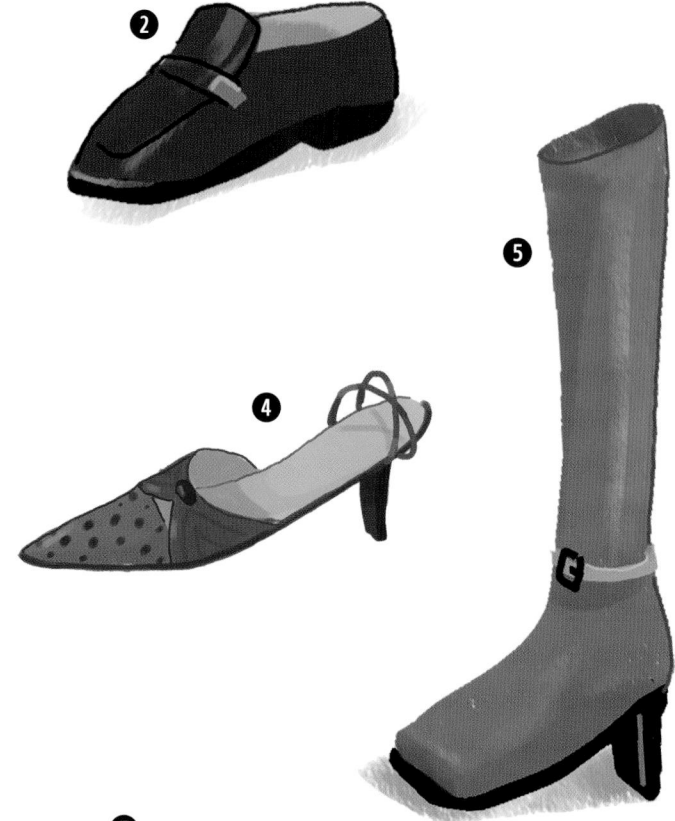

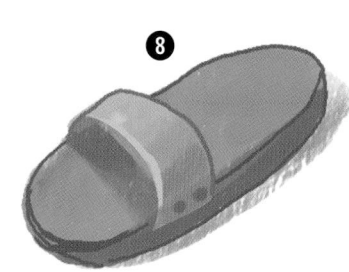

❶ **신발**
[SinBal]
shoes

❷ **구두**
[GuDu]
leather shoes

❸ **하이힐**
[HaIHil]
high heels

❹ **뾰족구두**
[PPyoJokGuDu]
shoes with pointed toes

❺ **부츠**
[BuCheu]
boots

❻ **운동화**
[UnDongHwa]
sneakers

❼ **샌달**
[SaenDal]
sandals

❽ **슬리퍼**
[SeulLiPeo]
slippers

❾ **쪼리**
[JJoRi]
flip-flops

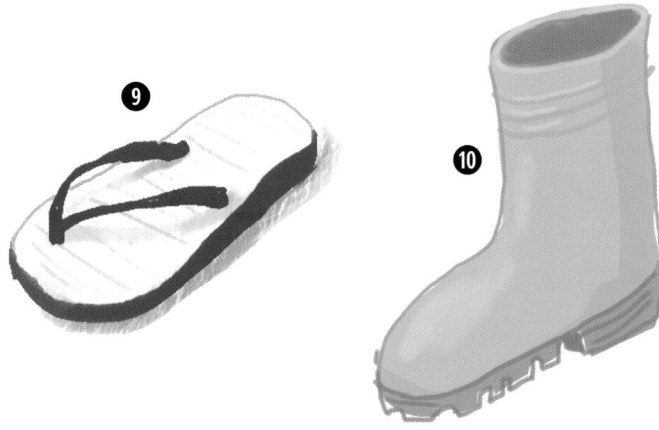

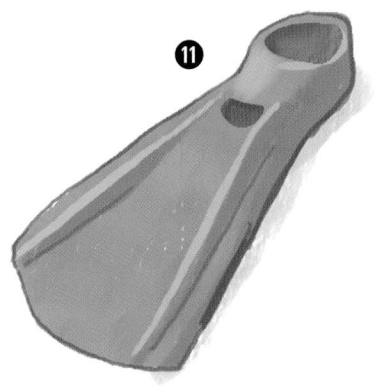

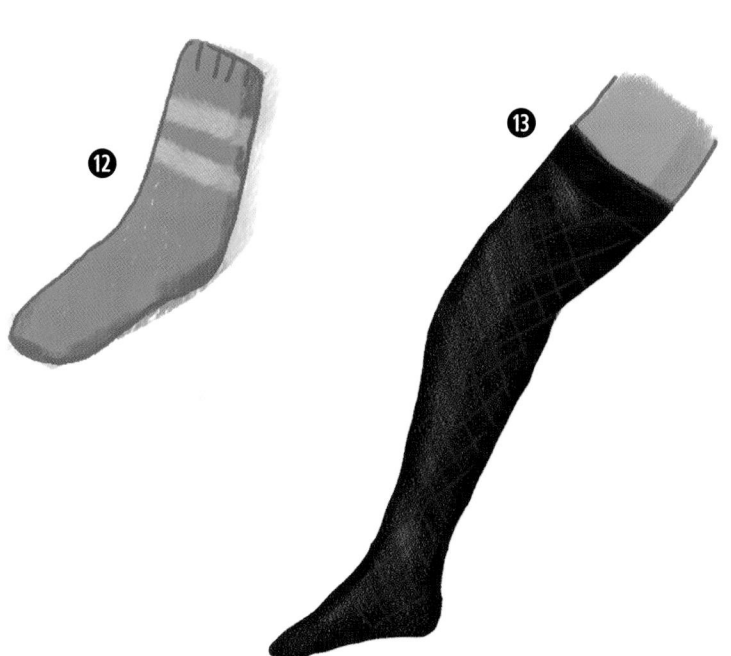

⑩ 장화
[JangHwa]
rain boots

⑪ 물갈퀴 / 오리발
[MulGalKwi / ORiBal]
flippers

⑫ 양말
[YangMal]
socks

⑬ 스타킹
[SeuTaKing]
stockings

⑭ 팬티스타킹
[PaenTiSeuTaKing]
panty hose

❶ 백화점
[Baek-HwaJeom]
department store

❷ 노래방
[NoRaeBang]
karaoke bar

❸ 전자상가
[JeonJaSangGa]
appliance store

❹ 편의점
[Pyeon-UiJeom]
convenience store

❺ 식당
[SikDang]
restaurant

❻ 은행
[EunHaeng]
bank

❼ 병원
[ByeongWon]
hospital

❽ 우체국
[UCheGuk]
post office

❾ 자판기
[JaPanGi]
vending machine

❿ 호텔
[HoTel]
hotel

⓫ 헬스클럽
[HelSeuKeulLeop]
gym

⓬ 서점
[SeoJeom]
bookstore

㉑ 완구점
[WanGuJeom]
toy store

⑬ 가구점
[GaGuJeom]
furniture store

⑰ 커피숍
[KeoPiSyop]
coffee shop

㉒ 제과점 / 빵집
[JeGwaJeom / PPangJip]
bakery

⑭ 가판대
[GaPanDae]
street vendor's stand

⑱ 약국
[YakGuk]
pharmacy

㉓ 미용실
[MiYongSil]
beauty salon

⑮ 나이트클럽
[NaITeuKeulLeop]
nightclub

⑲ 영화관
[YeongHwaGwan]
movie theater

㉔ 분식집
[BunSikJip]
delicatessen

⑯ 찻집
[ChatJip]
tea house

⑳ 경찰서
[GyeongChalSeo]
police station

㉕ 소화전
[SoHwaJeon]
fire hydrant

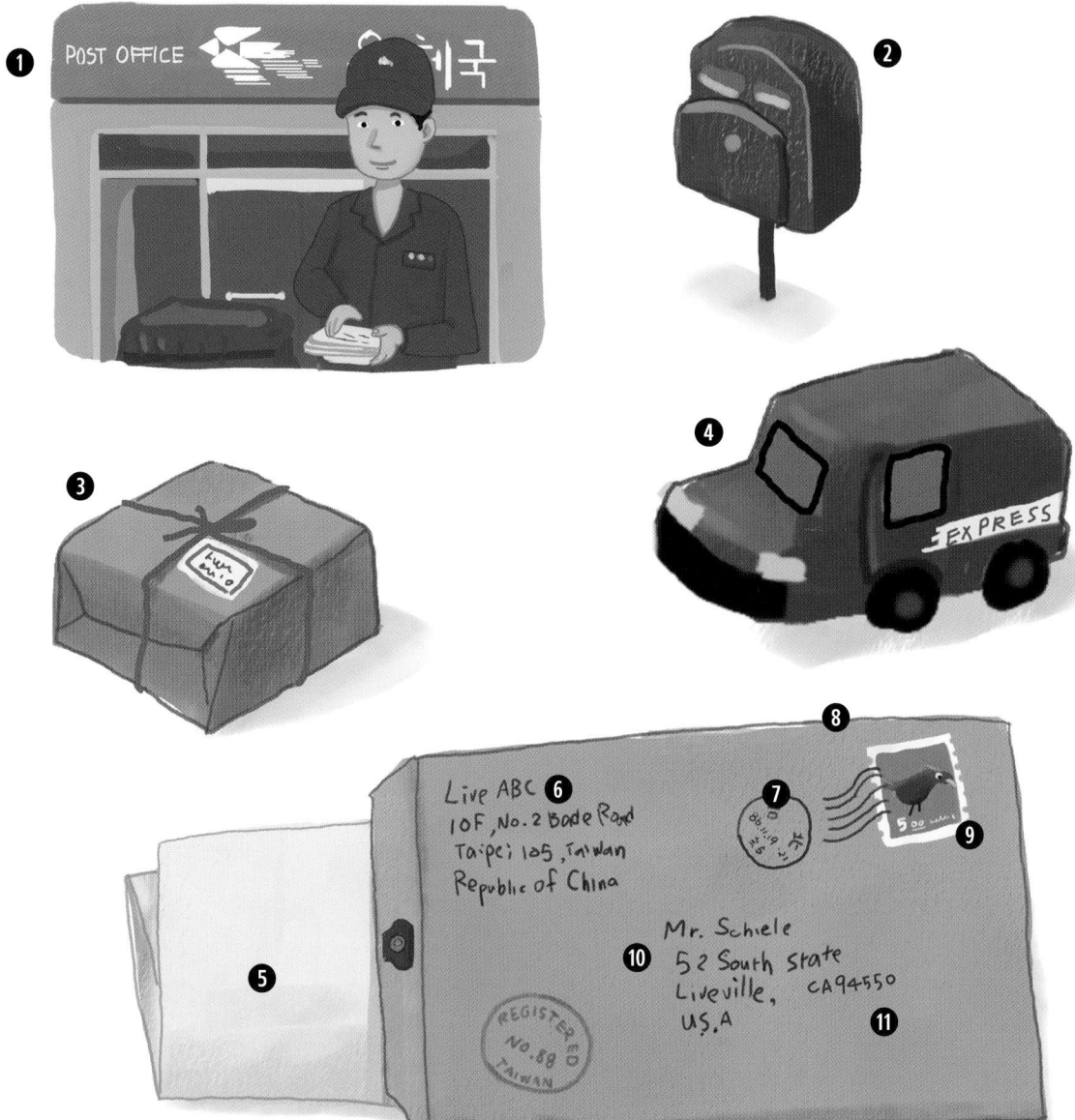

① **우체부**
[WooCheBoo]
letter carrier

② **우체통**
[UCheTong]
mailbox

③ **소포**
[SoPo]
package

④ **속달**
[SokDal]
express delivery

⑤ **편지**
[PyeonJi]
letter

⑥ **발신인주소**
[BalSin-InJuSo]
return address

⑦ **소인**
[SoIn]
postmark

⑧ **우편 봉투**
[UPyeon BongTu]
envelope

⑨ **우표**
[UPyo]
stamp

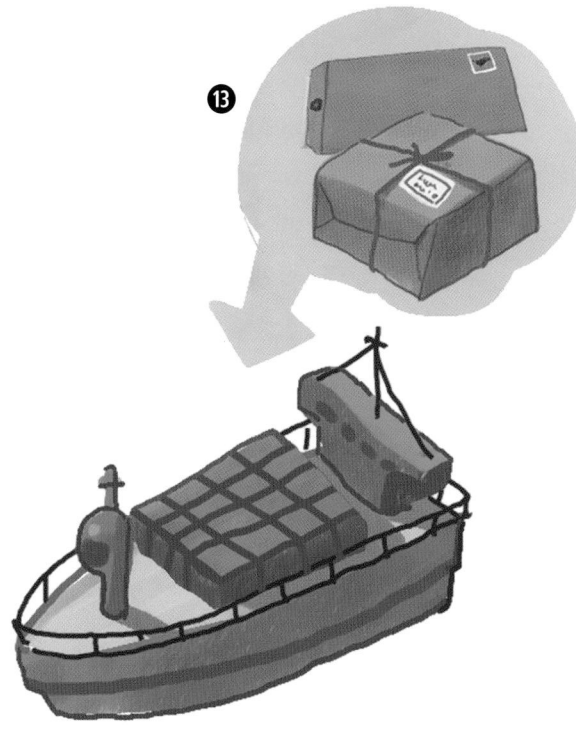

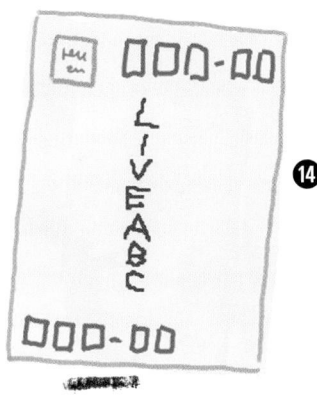

⑩ 수신인주소
[SuSin-InJuSo]
recipient's address

⑪ 우편번호
[UPyeonBeonHo]
zip code

⑫ 항공우편
[HangGongUPyeon]
airmail

⑬ 해운우편
[HaeUn-UPyeon]
maritime mail

⑭ 엽서
[YeopSeo]
postcard

⑮ 신문
[SinMun]
newspaper

⑯ 이메일
[IMeIl]
e-mail

❶ 경찰서
[GyeongChalSeo]
police station

❷ 사복경찰
[SaBokGyeongChal]
plainclothes officer

❸ 교통경찰
[GyoTongGyeongChal]
traffic officer

❹ 경찰모
[GyeongChalMo]
police cap

❺ 호루라기
[HoRuRaGi]
whistle

❻ 견장
[GyeonJang]
patch

❼ 경찰뱃지
[GyeongChalBaetJi]
badge

❽ 권총
[GwonChong]
gun

❾ 허리띠 / 벨트
[HeoRiTTi / BelTeu]
duty belt

76

⑩ 경찰봉
[GyeongChalBong]
police baton

⑪ 수갑
[SuGap]
handcuffs

⑫ 도둑
[DoDuk]
thief

⑬ 순찰경찰
[SunChalGyeongChal]
patrol officer

⑭ 경찰견
[GyeongChalGyeon]
police dog

⑮ 경찰오토바이
[GyeongChar-OToBaI]
police motorcycle

⑯ 순찰차
[SunChalCha]
patrol car

⑰ 신고
[SinGo]
to call the police

⑱ 진술서
[JinSulSeo]
written report

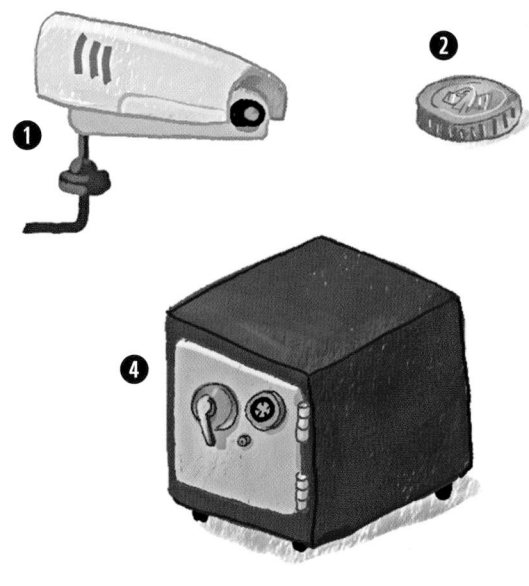

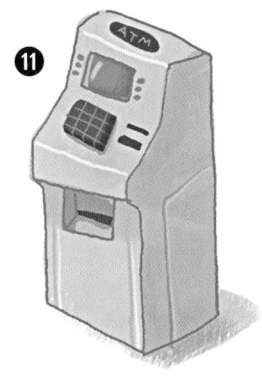

❶ **보안카메라**
[BoAnKaMeRa]
security camera

❷ **동전**
[DongJeon]
coin

❸ **지폐**
[JiPye]
bill

❹ **금고**
[GeumGo]
safe

❺ **출납창구**
[ChulLapChangGu]
counter

❻ **출금**
[ChulGeum]
withdrawal

❼ **출납원 / 창구직원**
[ChulLab-Won / ChangGuJig-Won]
teller

❽ **환전**
[HwanJeon]
currency exchange

❾ **경보기**
[GyeongBoGi]
alarm

❿ **입금 / 저축**
[IpGeum / JeoChuk]
deposit

⓫ **현금 인출기**
[HyeonGeum InChulGi]
ATM

⓬ **청원경찰**
[CheongWonGyeongChal]
security guard

⑬ **현금수송차**
[HyeonGeumSuSongCha]
armored truck

⑭ **주식**
[JuSik]
stock

⑮ **환어음**
[Hwan-EoeUm]
money order

⑯ **수표**
[SuPyo]
check

⑰ **여행자 수표**
[YeoHaengJa SuPyo]
traveler's check

⑱ **통장**
[TongJang]
passbook

⑲ **현금카드**
[HyeonGeumKaDeu]
ATM card

⑳ **신용카드**
[Sin-YongKaDeu]
credit card

㉑ **신분증**
[SinBunJeung]
I.D. card

㉒ **거류증**
[GeoRyuJeung]
residence permit

㉓ **도장**
[DoJang]
official seal

㉔ **서명**
[SeoMyeong]
signature

❶ 엘리베이터
[ElLiBeITeo]
elevator

❷ 진열대
[Jin-YeolDae]
display counter

❸ 점원
[Jeom-Won]
salesclerk

❹ 여성의류매장
[YeoSeongUiRyuMaeJang]
women's department

❺ 속옷매장
[Sog-OnMaeJang]
lingerie department

❻ 분실품 보관소
[BunSilPum BoGwanSo]
lost-and-found

❼ 에스컬레이터
[ESeuKeolLeITeo]
escalator

❽ 가전매장
[GaJeonMaeJang]
household appliances
department

❾ 소형가전매장
[SoHyeongGaJeonMaeJang]
home electronics department

❿ 가구매장
[GaGuMaeJang]
home furnishing department

⓫ 영캐주얼매장
[YeongKaeJuEolMaeJang]
teen department

⓬ 스포츠용품매장
[SeuPoCheuYongPumMaeJang]
sporting-goods department

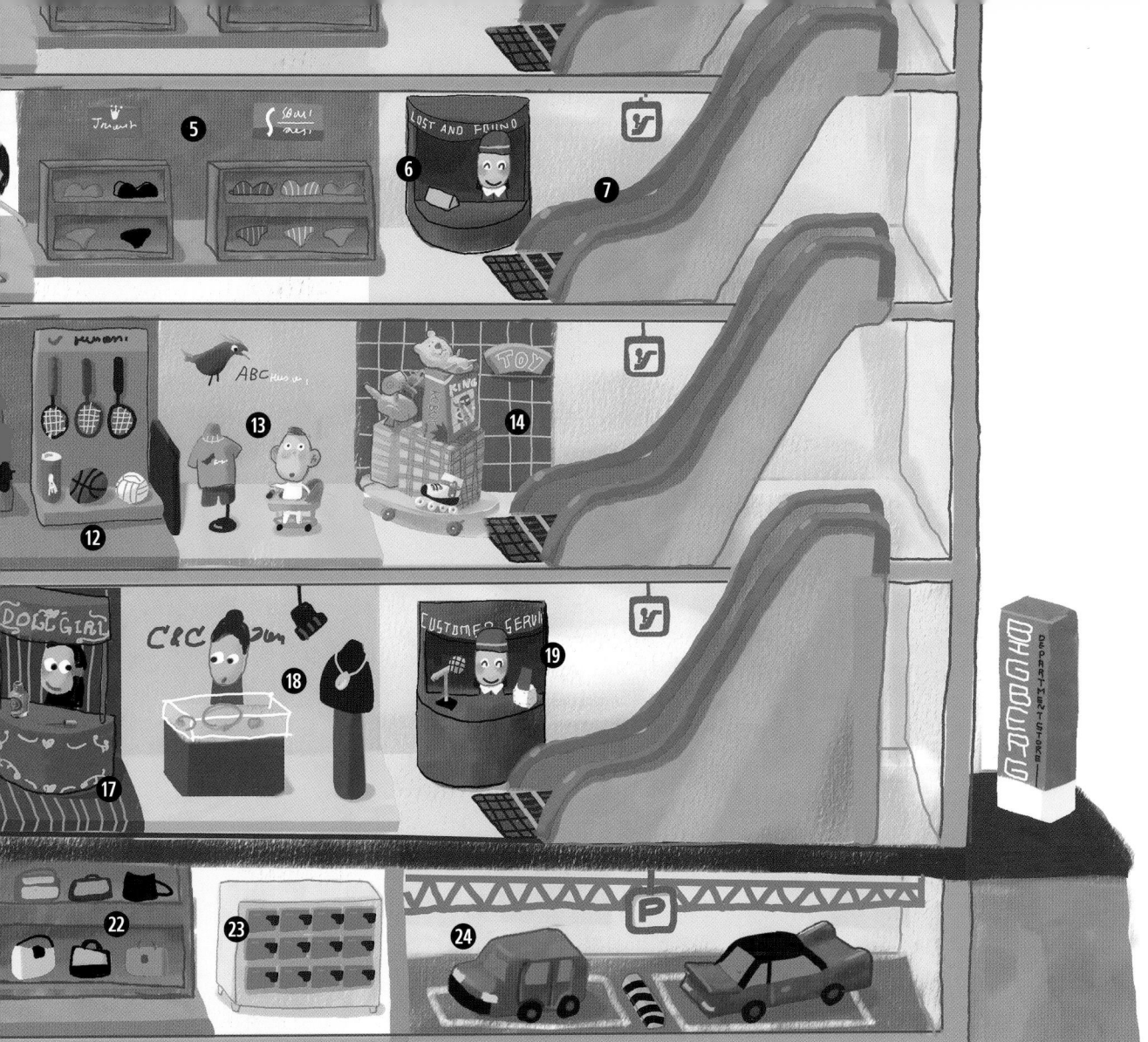

⑬ 아동용품매장
[ADongYongPumMaeJang]
children's department

⑭ 완구매장
[WanGuMaeJang]
toy department

⑮ 남성의류매장
[NamSeongUiRyuMaeJang]
men's department

⑯ 안내
[AnNae]
information desk

⑰ 화장품매장
[HwaJangPumMaeJang]
cosmetics department

⑱ 귀금속매장
[GwiGeumSongMaeJang]
jewelry department

⑲ 고객서비스센터
[GoGaekSeoBiSeuSenTeo]
customer service center

⑳ 신발매장
[SinBalMaeJang]
shoe department

㉑ 푸드코트
[PuDeuKoTeu]
food court

㉒ 피혁코너 / 가죽코너
[PiHyeokKoNeo / GaJukKoNeo]
leather goods department

㉓ 사물함
[SaMulHam]
lockers

㉔ 지하주차장
[JiHaJuChaJang]
underground parking garage

7-1 Vehicles • 교통수단

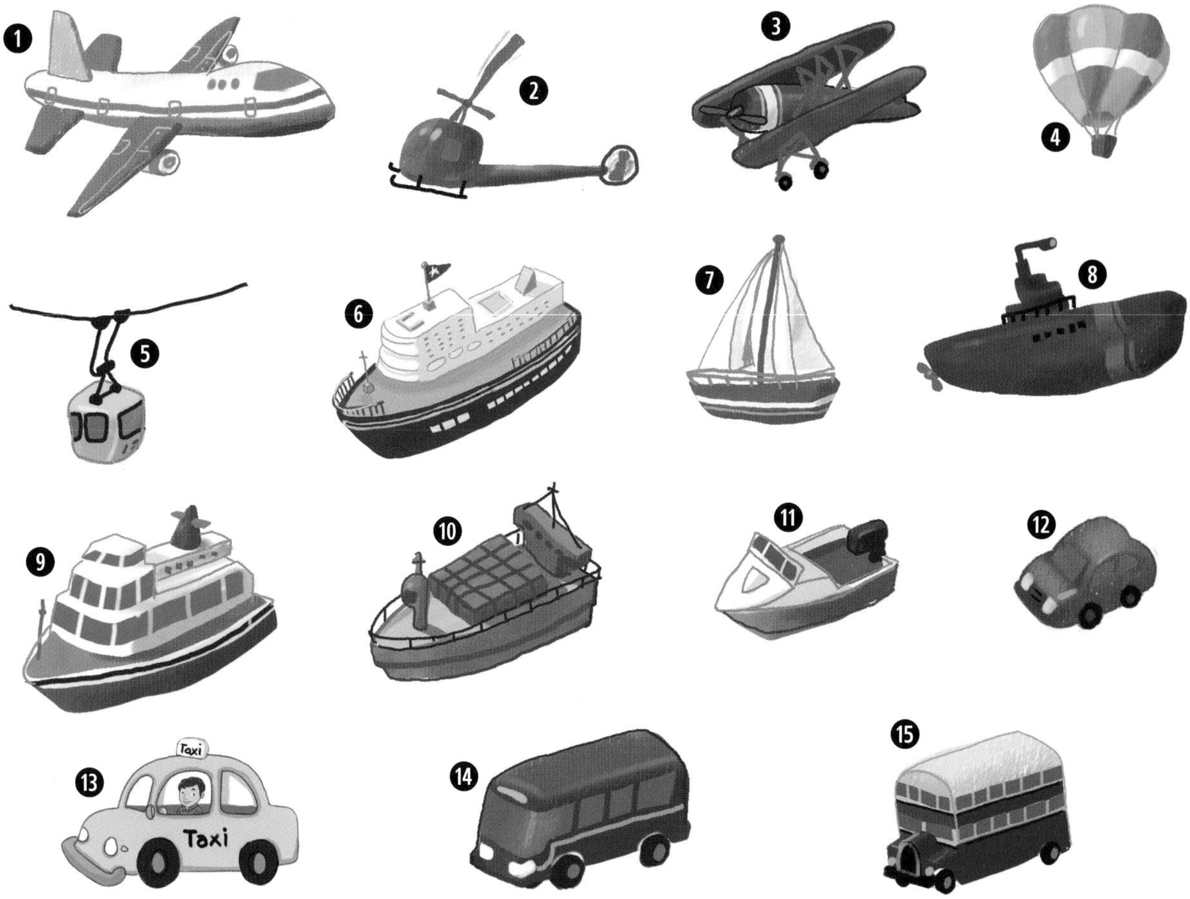

❶ **점보제트여객기**
[JeomBoJeTeuYeoGaekGi]
jumbo jet

❷ **헬리콥터**
[HelLiKopTeo]
helicopter

❸ **복엽기**
[Bog-YeopGi]
biplane

❹ **열기구**
[YeolGiGu]
hot-air balloon

❺ **케이블카**
[KeIBeulKa]
cable car

❻ **유람선**
[YuRamSeon]
ocean liner

❼ **범선 / 요트**
[BeomSeon / YoTeu]
sailboat

❽ **잠수함**
[JamSuHam]
submarine

❾ **페리 / 연락선**
[PeRi / YeolLakSeon]
ferry

❿ **컨테이너선**
[KeonTeINeoSeon]
container ship

⓫ **모터보트**
[MoTeoBoTeu]
motorboat

⓬ **승용차**
[SeungYongCha]
sedan

⓭ **택시**
[TaekSi]
taxi

⓮ **관광버스**
[GwanGwangBeoSeu]
tour bus

⓯ **2 (이) 층 버스**
[2 (I) Cheung BeoSeu]
double-decker bus

⑯ 모노레일
[MoNoReIl]
monorail

⑰ 기차
[GiCha]
train

⑱ 지하철
[JiHaCheol]
subway

⑲ 자전거
[JaJeonGeo]
bicycle

⑳ 마차
[MaCha]
horse-drawn carriage

㉑ 스쿠터
[SeuKuTeo]
scooter

㉒ 소방차
[SoBangCha]
fire engine

㉓ 레미콘
[ReMiKon]
concrete mixer truck

㉔ 유조차
[YuJoCha]
tanker

㉕ 트럭
[TeuReok]
truck

㉖ 불도저
[BulDoJeo]
bulldozer

㉗ 크레인
[KeuReIn]
crane

㉘ 쓰레기차
[SSeuReGiCha]
garbage truck

1 공원
[GongWon]
park

2 육교
[YukGyo]
pedestrian bridge

3 모서리 / 코너
[MoSeoRi / KoNeo]
street corner

4 길거리 표지판
[GilGeoRi PyoJiPan]
street sign

5 지하철입구
[JiHaCheor-IpGu]
subway entrance

6 차도
[ChaDo]
road

7 인도
[InDo]
sidewalk

8 버스정류장
[BeoSeuJeongNyuJang]
bus stop

9 주유소
[JuYuSo]
gas station

10 고속도로
[GoSokDoRo]
freeway

11 교차로
[GyoChaRo]
intersection

12 횡단보도
[HoengDanBoDo]
crosswalk

13 가로등
[GaRoDeung]
streetlight

14 신호등
[SinHoDeung]
traffic light

15 아케이드
[AKeIDeu]
arcade

16 지하도
[JiHaDo]
underpass

17 보도블럭
[BoDoBeulLeok]
curb

18 주차공간
[JuChaGongGan]
parking space

❶ 화장실
[HwaJangSil]
lavatory

❷ (여자) 승무원 / (남자) 승무원
[(YeoJa) SeungMuWon / (NamJa) SeungMuWon]
flight attendant

❸ 비상구
[BiSangGu]
emergency exit

❹ 창문덮개
[ChangMunDeopGae]
window blind

❺ 받침대
[BatChimDae]
tray

❻ 의자주머니
[UiJaJuMeoNi]
seat pocket

❼ 구명조끼
[GuMyeongJoKKi]
life preserver

❽ 수납장
[SuNapJang]
overhead compartment

❾ 창가좌석
[ChangGaJwaSeok]
window seat

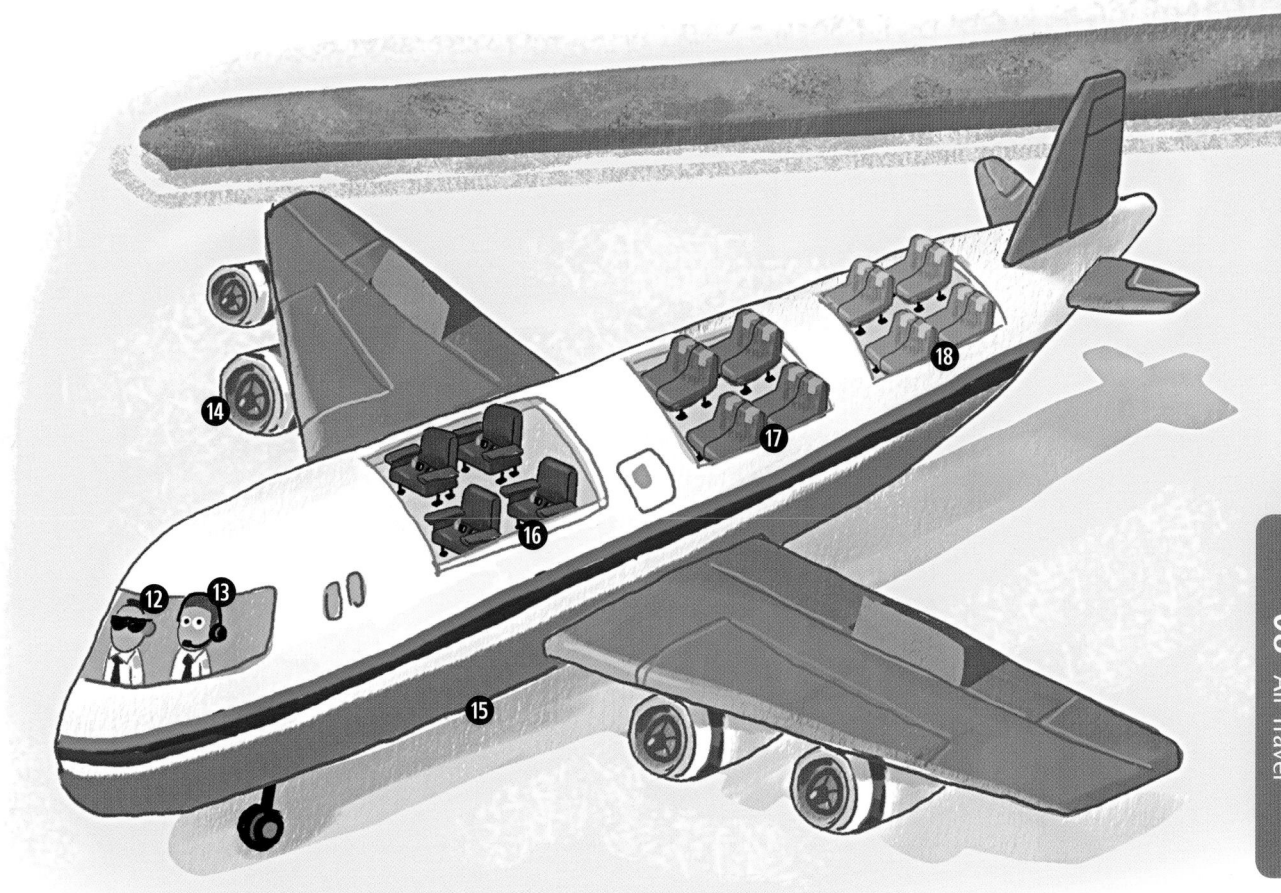

⑩ **통로좌석**
[TongNoJwaSeok]
aisle seat

⑪ **안전띠**
[AnJeonTTi]
seat belt

⑫ **부기장**
[BuGiJang]
copilot

⑬ **기장**
[GiJang]
captain

⑭ **제트엔진**
[JeTeuEnJin]
jet engine

⑮ **비행기 몸체/기체**
[BiHaengGi MomChe / GiChe]
fuselage

⑯ **일등석**
[IlDeungSeok]
first class

⑰ **비지니스석**
[BiJiNiSeuSeok]
business class

⑱ **일반석**
[IlBanSeok]
economy class

❶ 탑승동 / 터미널
[TapSeungDong / TeoMiNeol]
terminal

❷ 외환환전소
[OeHwanHwanJeonSo]
currency exchange

❸ 보험 (판매대) 카운터
[BoHeom (PanMaeDae) KaUnTeo]
insurance counter

❹ 탑승수속 카운터
[TapSeungSuSokKaUnTeo]
check-in counter

❺ 착륙
[ChangNyuk]
landing

❻ 비행기
[BiHaengGi]
airplane

❼ 여객
[YeoGaek]
passenger

❽ 항공사 지상인원
[HangGongSa JiSangIn-Won]
airline representative

❾ 항공사 서비스 센터
[HangGongSa SeoBiSeu SenTeo]
airline service counter

❿ 수하물
[SuHaMul]
luggage

⓫ 수하물 카트
[SuHaMul KaTeu]
luggage cart

⓬ 수하물 운반인
[SuHaMul UnBan-In]
skycap

88

⑬ 세관
[SeGwan]
customs

⑭ 출입국
[Chur-IpGuk]
immigration

⑮ 수하물 수취대
[SuHaMul SuChwiDae]
luggage carousel

⑯ 출국장
[ChulGukJang]
departure lobby

⑰ 안내소
[AnNaeSo]
information desk

⑱ 관제탑
[GwanJeTap]
control tower

⑲ 면세점
[MyeonSeJeom]
duty-free shop

⑳ 면세품
[MyeonSePum]
duty-free item

㉑ 셔틀버스
[SyeoTeulBeoSeu]
shuttle bus

㉒ 활주로
[HwalJuRo]
runway

㉓ 이륙
[IRyuk]
takeoff

❶ 체스를 하다
[CheSeuReul HaDa]
to play chess

❷ 장기를 두다
[JangGiReul Duda]
to play Chinese checkers

❸ 카드를 하다
[KaDeuReul HaDa]
to play cards

❹ 그림을 그리다
[GeuRim-Eul GeuRiDa]
to paint

❺ 조각을 하다
[JoGag-Eul HaDa]
to sculpt

❻ 춤을 추다
[Chum-Eul ChuDa]
to dance

❼ 도보여행
[DoBoYeoHaeng]
to hike

❽ 등산하다
[DeungSanHaDa]
to go mountain climbing

❾ 야영하다
[YaYeongHaDa]
to go camping

❿ 낚시하다
[NakSiHaDa]
to go fishing

⓫ 원예하다
[Won-YeHaDa]
to garden

⓬ 관조하다
[GwanJoHaDa]
to bird-watch

⑬ 노래를 하다
[NoRaeReul HaDa]
to sing karaoke

⑭ 쇼핑하다
[SyoPingHaDa]
to window shop

⑮ 사진을 찍다
[SaJin-Eul JJikDa]
to photograph

⑯ 책을 읽다
[Chaeg-Eur IkDa]
to read

⑰ 음악을 듣다
[Eum-Ag-Eul DeutDa]
to listen to music

⑱ 티브이를 보다
[TiBeuIReul BoDa]
to watch TV

⑲ 영화를 보다
[YeongHwaReul BoDa]
to watch movies

⑳ 비디오게임을 하다
[BiDiOGeIm-Eul HaDa]
to play video games

㉑ 인터넷을 하다
[InTeoNes-Eul HaDa]
to surf the Internet

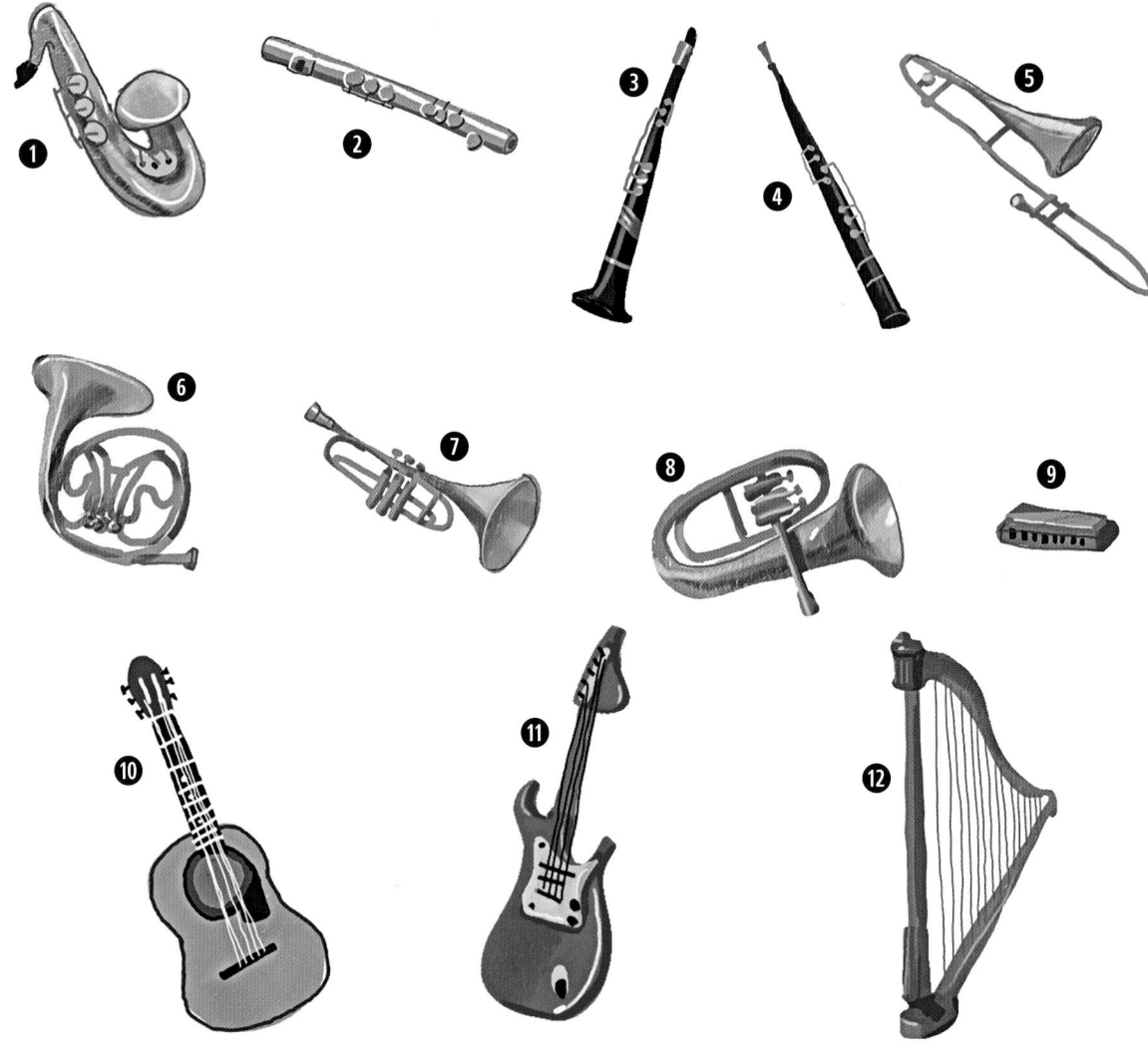

❶ 섹소폰
[SekSoPon]
saxophone

❷ 플룻
[PeulLut]
flute

❸ 클라리넷
[KeulLaRiNet]
clarinet

❹ 오보에
[OBoE]
oboe

❺ 트럼본
[TeuReomBon]
trombone

❻ 호른
[HoReun]
French horn

❼ 트럼펫
[TeuReomPet]
trumpet

❽ 튜바
[TyuBa]
tuba

❾ 하모니카
[HaMoNiKa]
harmonica

❿ 기타
[GiTa]
guitar

⓫ 전자기타
[JeonJaGiTa]
electric guitar

⓬ 하프
[HaPeu]
harp

⑬ **바이올린**
[BaIOlLin]
violin

⑭ **첼로**
[ChelLo]
cello

⑮ **피아노**
[PiANo]
piano

⑯ **디지털피아노**
[DiJiTeolPiANo]
electric keyboard

⑰ **아코디언**
[AKoDiEon]
accordion

⑱ **탬버린**
[TaemBeoRin]
tambourine

⑲ **드럼**
[DeuReom]
drum

⑳ **실로폰**
[SilLoPon]
xylophone

❶ 구급차
[GuGeupCha]
ambulance

❷ 병실
[ByeongSil]
ward

❸ 환자
[HwanJa]
patient

❹ 이비인후과의사
[IBiInHuGwaUiSa]
ear, nose, and throat doctor

❺ 수술실
[SuSulSil]
operating room

❻ 중환자실
[JungHwanJaSil]
ICU

❼ 치과의사
[ChiGwaUiSa]
dentist

❽ 소아과의사
[SoAGwaUiSa]
pediatrician

❾ 산부인과의사
[SanBuInGwaUiSa]
obstetrician

❿ 안과의사
[AnGwaUiSa]
ophthalmologist

⓫ 내과의사
[NaeGwaUiSa]
internal medicine specialist

⓬ 외과의사
[OeGwaUiSa]
surgeon

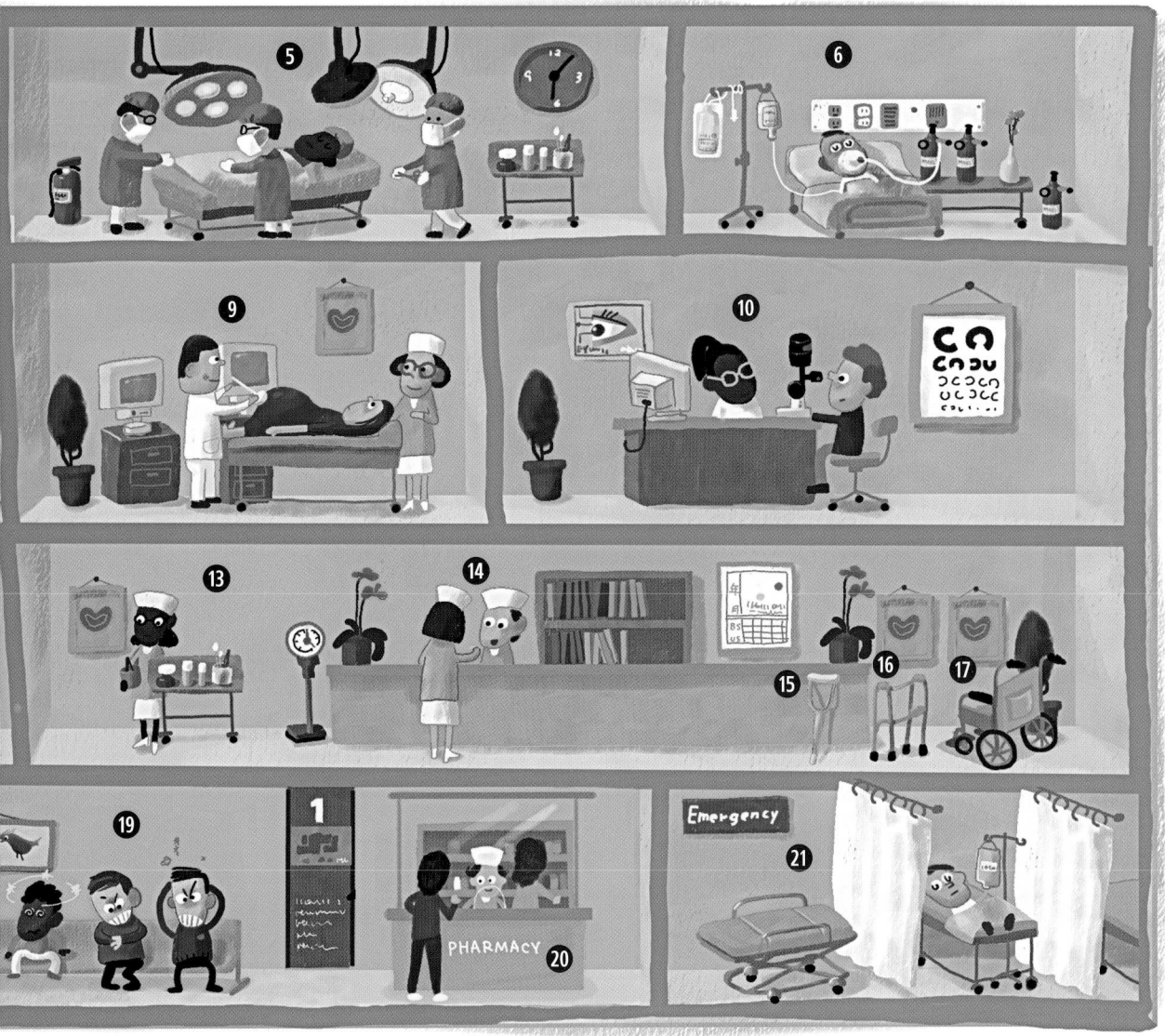

⑬ 간호실
[GanHoSil]
nurses' station

⑭ 간호사
[GanHoSa]
nurse

⑮ 목발
[MokBal]
crutch

⑯ 보행기
[BoHaengGi]
walker

⑰ 휠체어
[HwilCheEo]
wheelchair

⑱ 접수실
[JeopSuSil]
reception

⑲ 대기실
[DaeGiSil]
waiting room

⑳ 약국
[YakGuk]
pharmacy

㉑ 응급실
[EungGeupSil]
emergency room

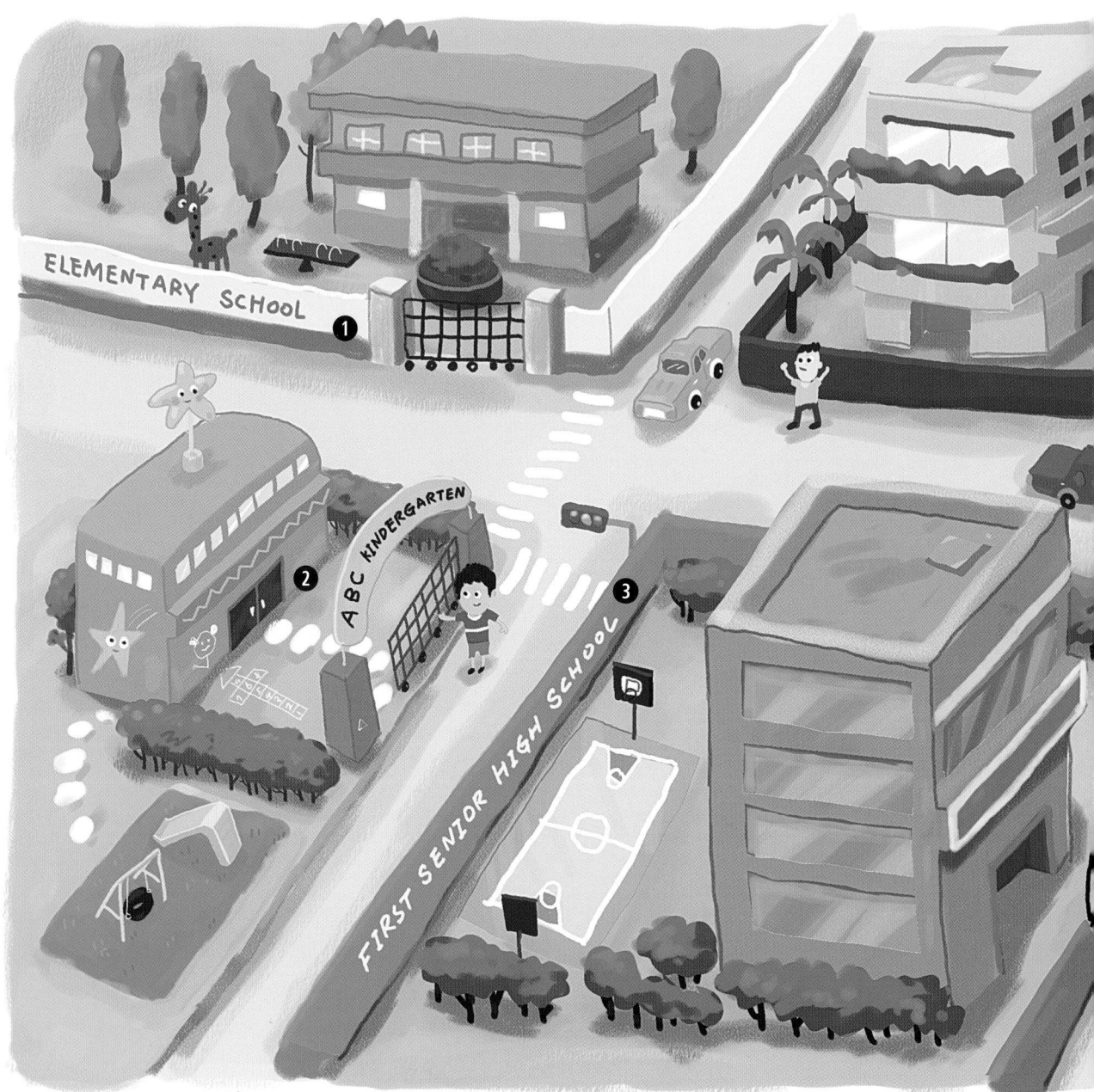

❶ 초등학교
[ChoDeungHakGyo]
elementary school

❷ 유치원
[YuChiWon]
kindergarten

❸ 고등학교
[GoDeungHakGyo]
senior high school

❹ 중학교
[JungHakGyo]
junior high school

❺ 대학교
[DaeHakGyo]
university

❻ 학사
[HakSa]
bachelor's degree

❼ 석사
[SeokSa]
master's degree

❽ 박사
[BakSa]
doctorate

❾ 대학원
[DaeHag-Won]
graduate school

❿ 학원
[Hag-Won]
language
academy

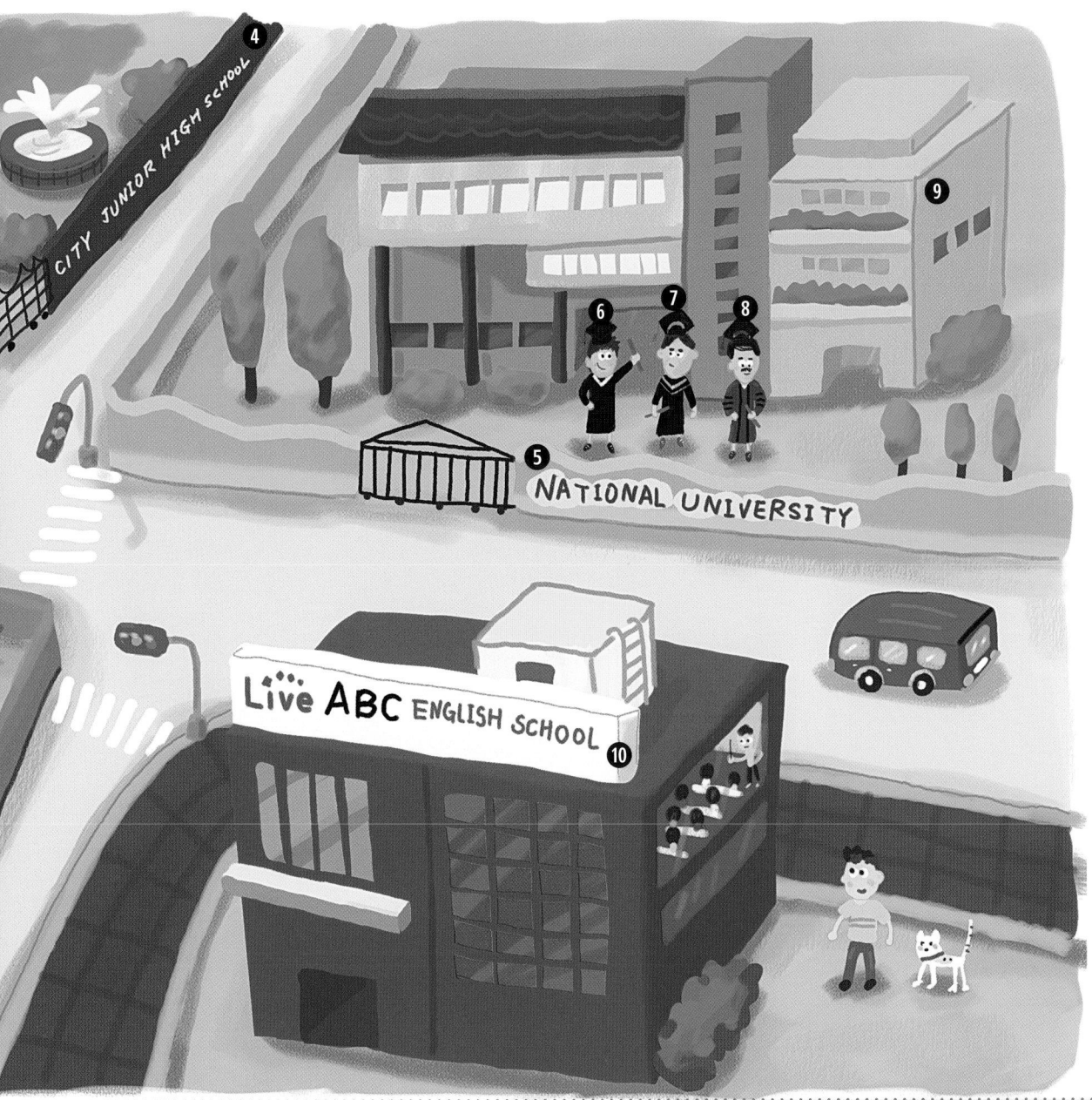

ADDITIONAL INFORMATION: SCHOOL-RELATED VOCABULARY

01 공립학교
[GongNipHakGyo]
public school

02 사립학교
[SaRipHakGyo]
private school

03 교장
[GyoJang]
principal

04 이사
[ISa]
director

05 학장
[HakJang]
dean

06 학과장
[HakGwaJang]
chairman

07 학자
[HakJa]
scholar

08 동문
[DongMun]
alumnus

09 신입생
[Sin-IpSaeng]
freshman

10 학년
[HangNyeon]
grade

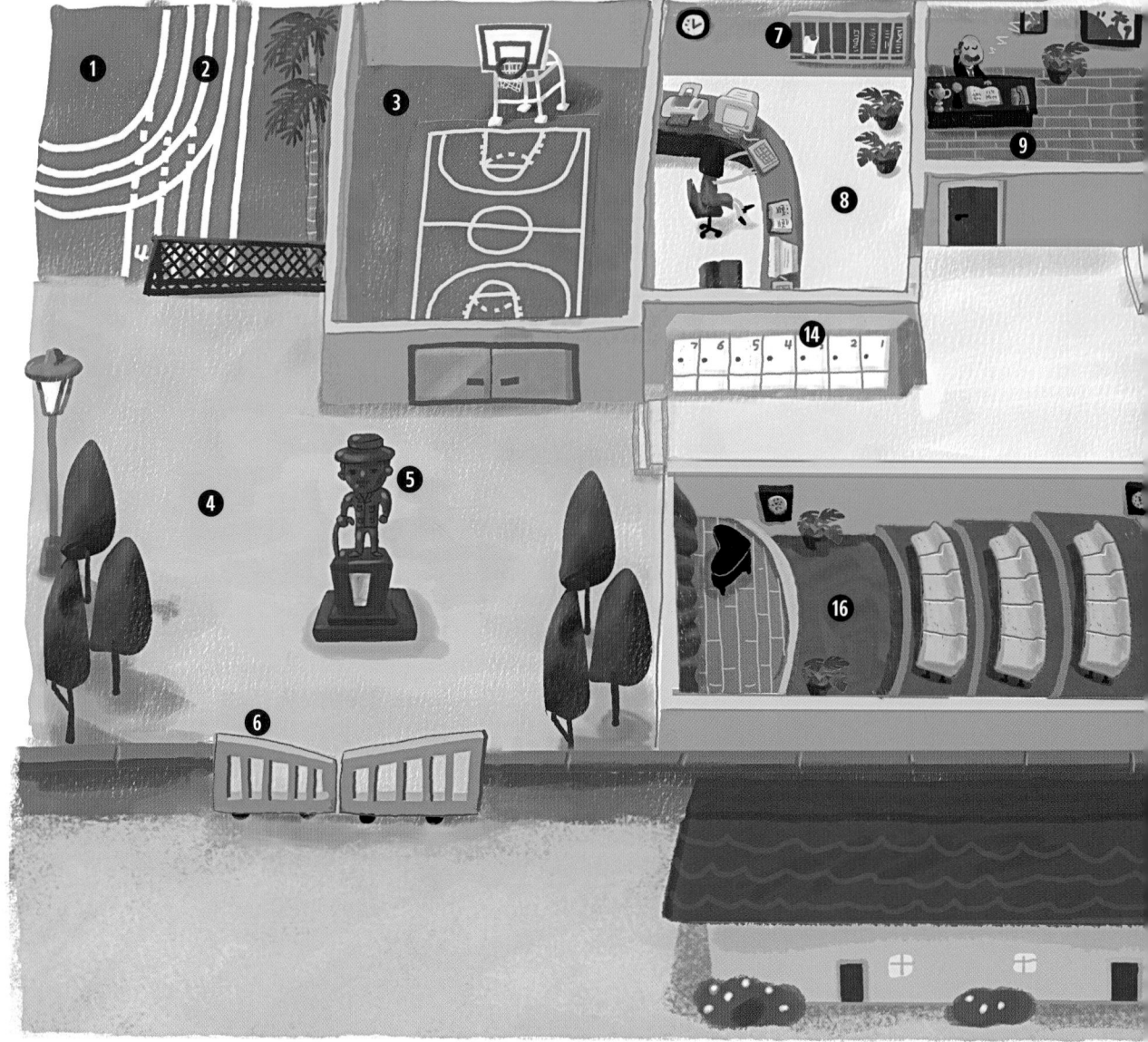

❶ 운동장
[UnDongJang]
field

❷ 육상트랙
[YukSangTeuRaek]
track

❸ 농구장
[NongGuJang]
basketball court

❹ 교정
[GyoJeong]
schoolyard

❺ 동상
[DongSang]
bronze statue

❻ 교문
[GyoMun]
school gate

❼ 게시판
[GeSiPan]
bulletin board

❽ 사무실
[SaMuSil]
office

❾ 교장실
[GyoJangSil]
principal's office

❿ 화장실
[HwaJangSil]
restroom

⓫ 교실
[GyoSil]
classroom

⓬ 어학실
[EoHakSil]
language lab

⓭ 화학실험실
[HwaHakSilHeomSil]
chemistry lab

⓮ 사물함
[SaMulHam]
lockers

⓯ 복도
[BokDo]
hallway

⓰ 강당
[GangDang]
auditorium

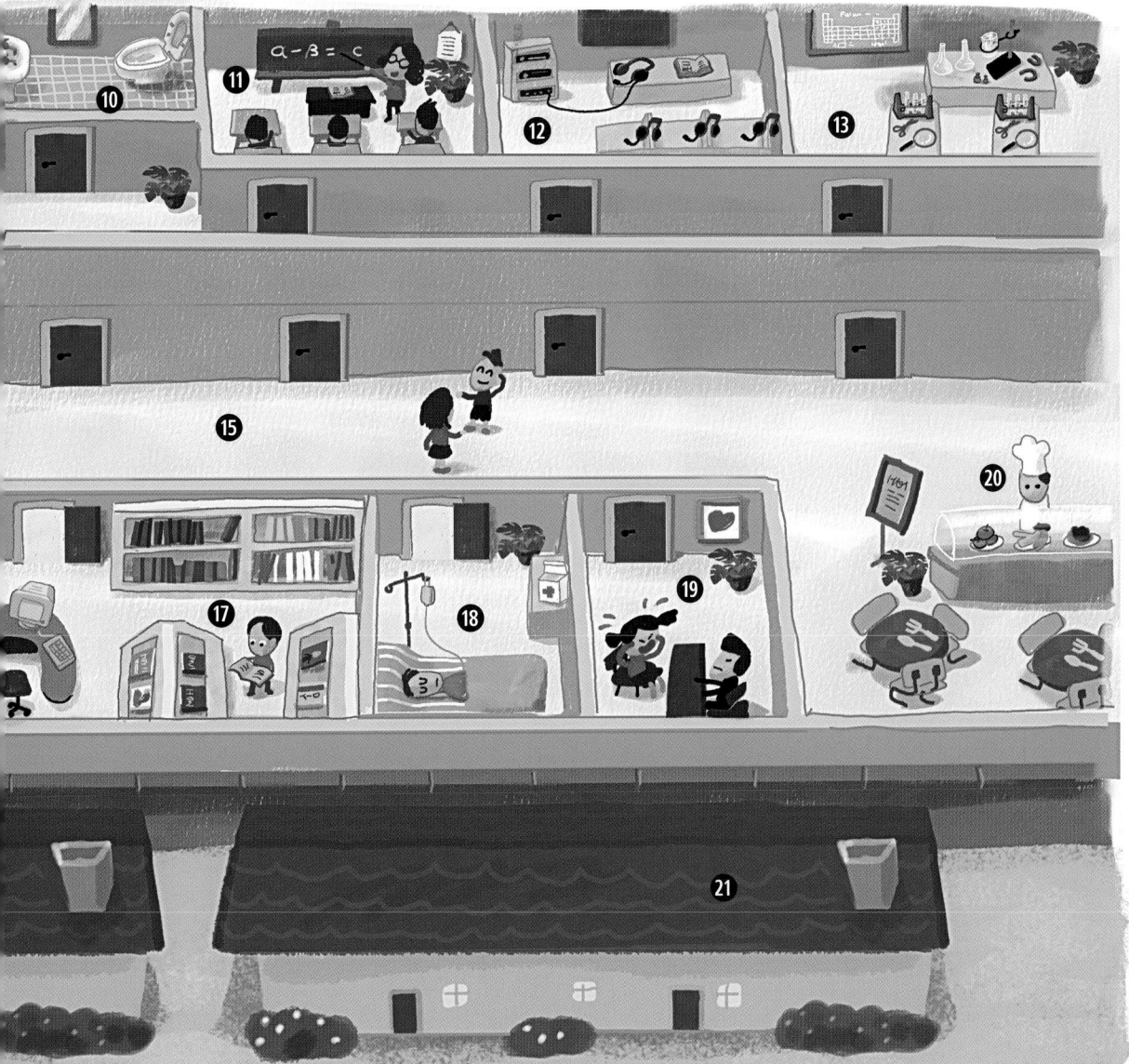

❶⓱ **도서관**
[DoSeoGwan]
library

❷⓳ **식당**
[SikDang]
cafeteria

②⓴ **기숙사**
[GiSukSa]
dormitory

⓲ **양호실 /
의무실**
[YangHoSil /
UiMuSil]
nurse's office

⓳ **상담실**
[SangDamSil]
guidance
counselor's office

ADDITIONAL INFORMATION: SPORTING VENUES

01 야구 경기장
[YaGu GyeongGiJang]
baseball field

03 테니스장
[TeNiSeuJang]
tennis court

05 배드민턴장
[BaeDeuMinTeonJang]
badminton court

02 축구 경기장
[ChukGu GyeongGiJang]
football field/
soccer field

04 골프장
[GolPeuJang]
golf course

06 체육관 / 실내경기장
[CheYukGwan /
SilLaeGyeongGiJang]
gym

❶ 칠판
[ChilPan] chalkboard

❷ 분필
[BunPil] chalk

❸ 칠판지우개
[ChilPanJiUGae] eraser

❹ 교단
[GyoDan] platform

❺ 교탁
[GyoTak] lectern

❻ 지우개
[JiUGae] (pencil) eraser

❼ 필통
[PilTong] pencil case

❽ 마이크
[MaIKeu] microphone

❾ 프로젝터
[PeuRoJekTeo] projector

❿ 교과서
[GyoGwaSeo] textbook

⓫ 책상
[ChaekSang] desk

⓬ 의자
[UiJa] chair

⓭ 지구본
[JiGuBon] globe

⓮ 지도
[JiDo] map

⓯ 책꽂이
[ChaekKKoj-I] bookrack

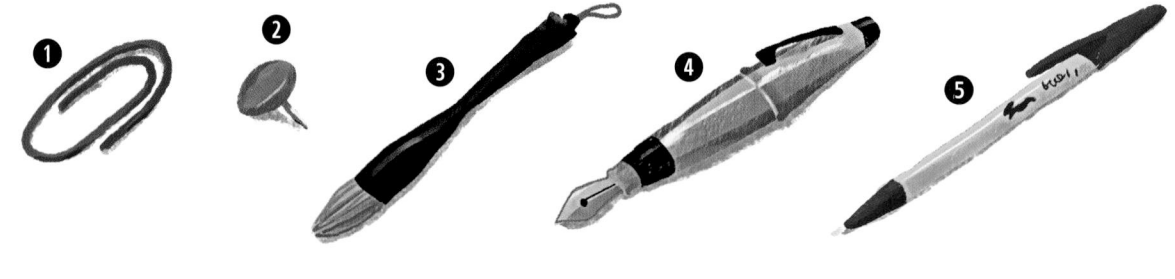

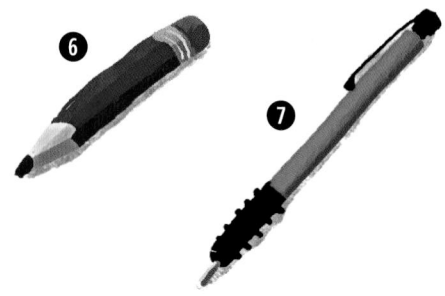
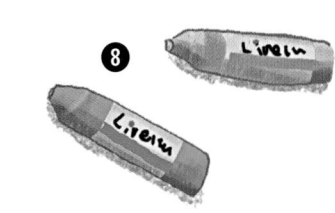
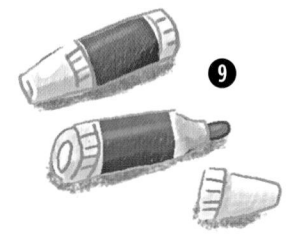

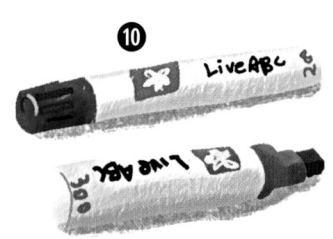

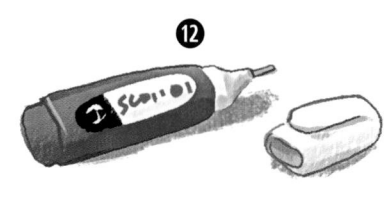

❶ 클립
[KeulLip]
paperclip

❷ 압정
[ApJeong]
thumbtack

❸ 붓
[But]
calligraphy brush

❹ 만년필
[ManNyeonPil]
fountain pen

❺ 볼펜
[BolPen]
ballpoint pen

❻ 연필
[YeonPil]
pencil

❼ 샤프
[SyaPeu]
mechanical pencil

❽ 크레용 / 크레파스
[KeuReYong / KeuRePaSeu]
crayon

❾ 색연필
[SaengNyeonPil]
color pen

❿ 마커펜
[MaKeoPen]
marker

⓫ 연필깎기
[YeonPilKKakGi]
pencil sharpener

⓬ 수정액 / 화이트
[SuJeongAek / HwaITeu]
white-out

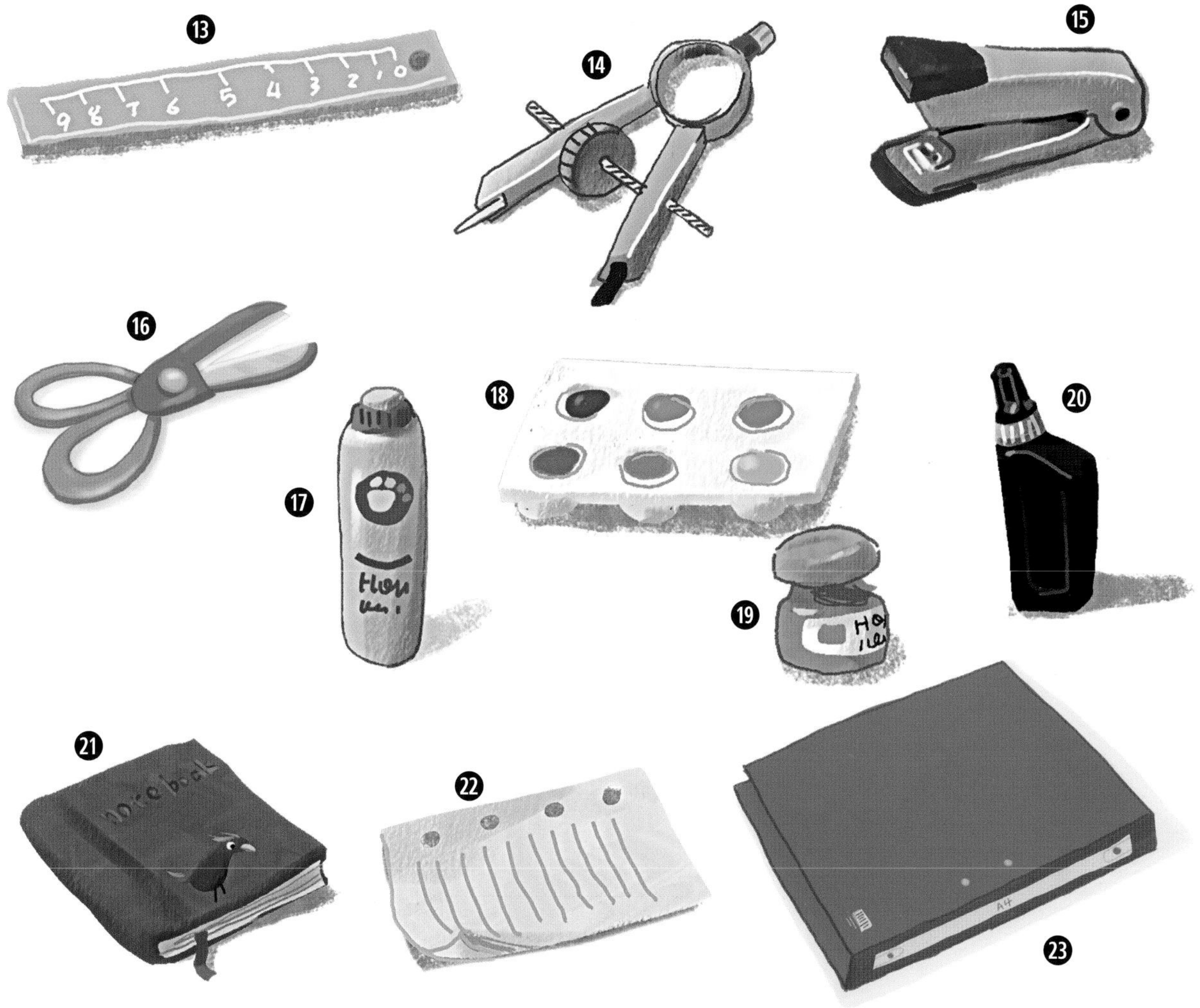

⑬ 자
[Ja]
ruler

⑭ 콤파스
[KomPaSeu]
compass

⑮ 스템플러
[SeuTemPeulLeo]
stapler

⑯ 가위
[GaWi]
scissors

⑰ 풀
[Pul]
glue

⑱ 물감파레트
[MulGamPaReTeu]
paint palette

⑲ 물감
[MulGam]
paint

⑳ 잉크
[IngKeu]
ink

㉑ 공책
[GongChaek]
notebook

㉒ 바인더내지
[BaInDeoNaeJi]
loose leaf paper

㉓ 바인더
[BaInDeo]
binder

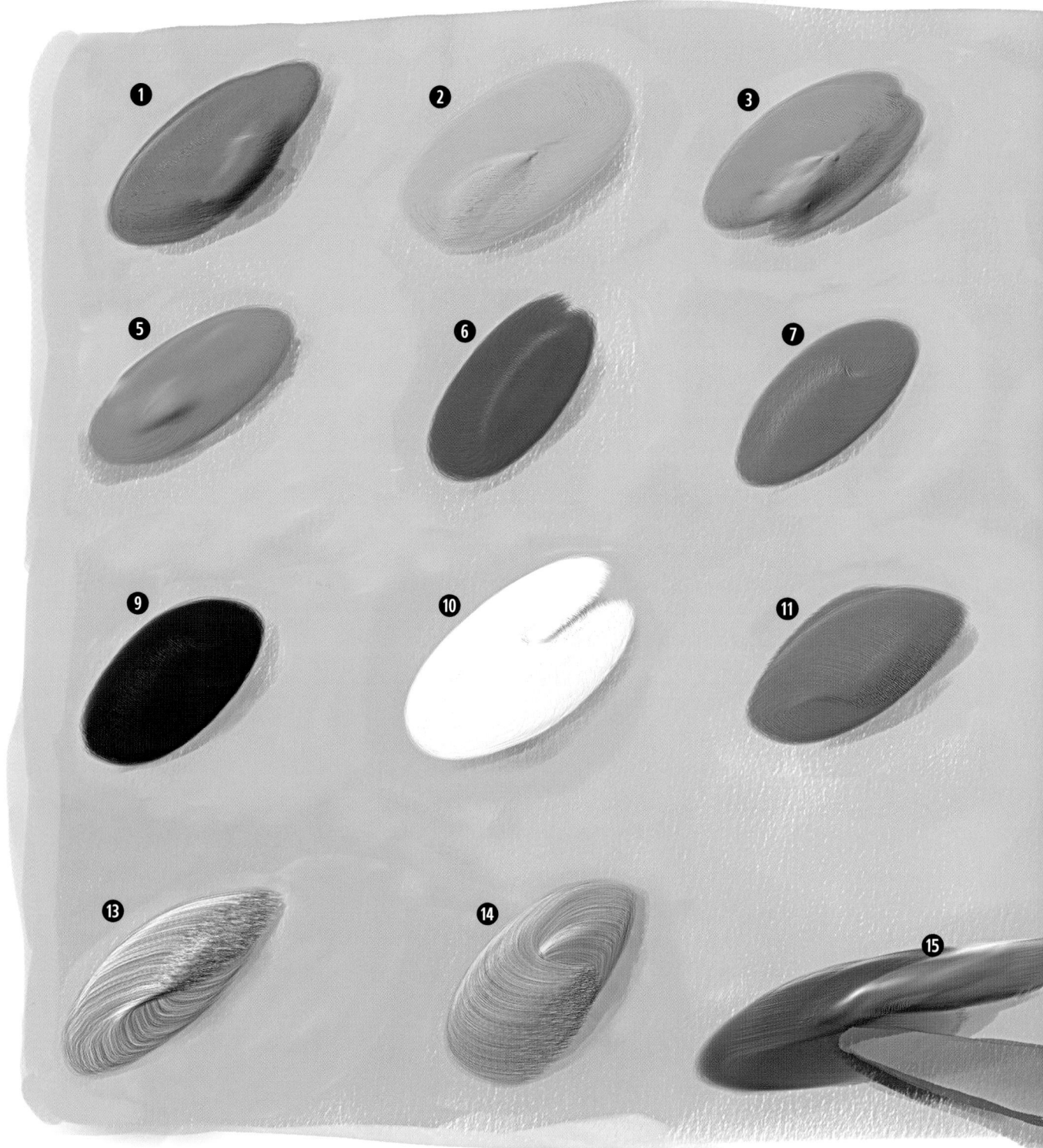

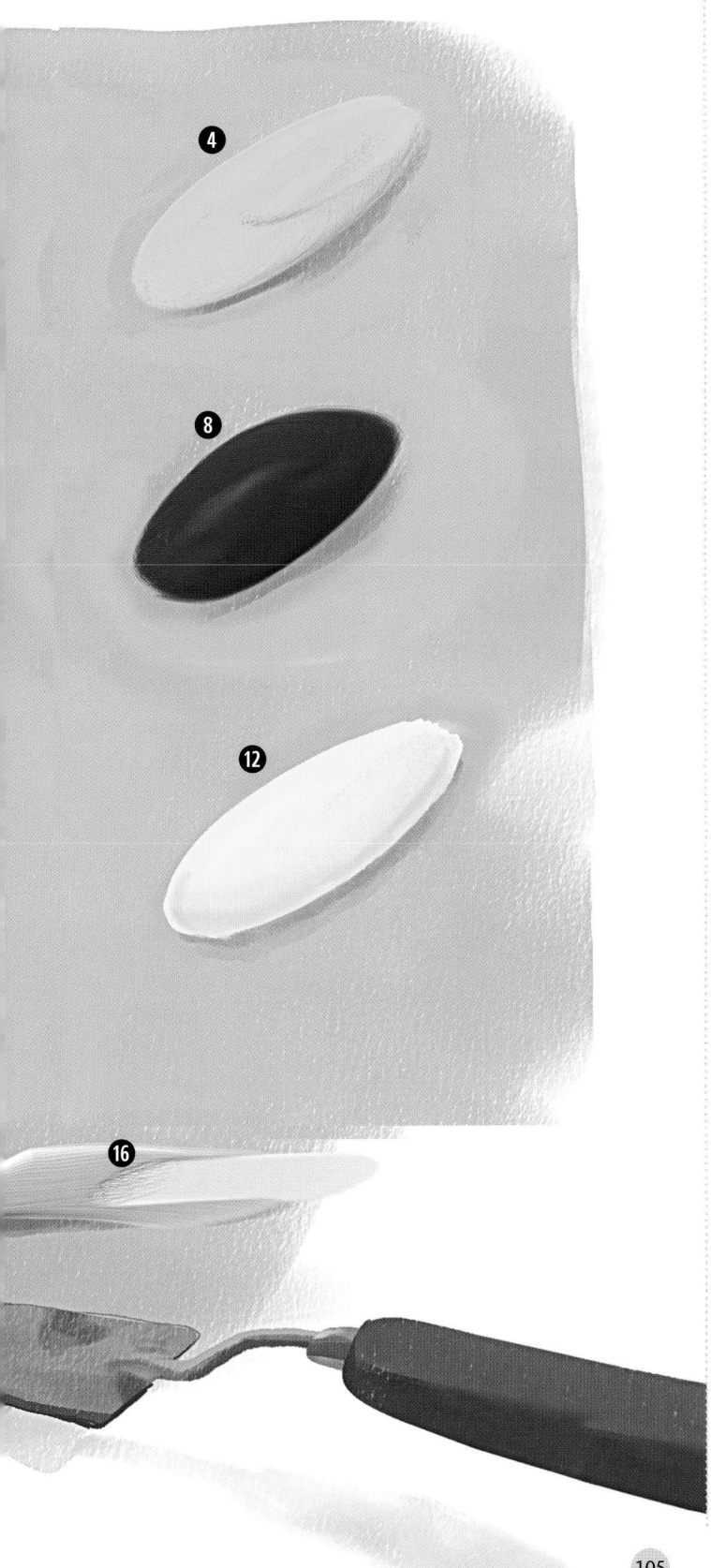

❶ 빨간색
[PPalGanSaek] red

❷ 분홍색
[BunHongSaek] pink

❸ 주황색
[JuHwangSaek] orange

❹ 노란색
[NoRanSaek] yellow

❺ 녹색 / 초록색
[NokSaek / ChoRokSaek] green

❻ 파란색
[PaRanSaek] blue

❼ 보라색
[BoRaSaek] purple

❽ 갈색
[GalSaek] brown

❾ 검은색
[Geom-EunSaek] black

❿ 흰색
[HuinSaek] white

⓫ 회색
[HoeSaek] gray

⓬ 베이지색
[BeIJiSaek] beige

⓭ 은색
[EunSaek] silver

⓮ 황금색
[HwangGeumSaek] gold

⓯ 어두운색
[EoDuUnSaek] dark

⓰ 밝은색
[Balg-EunSaek] light

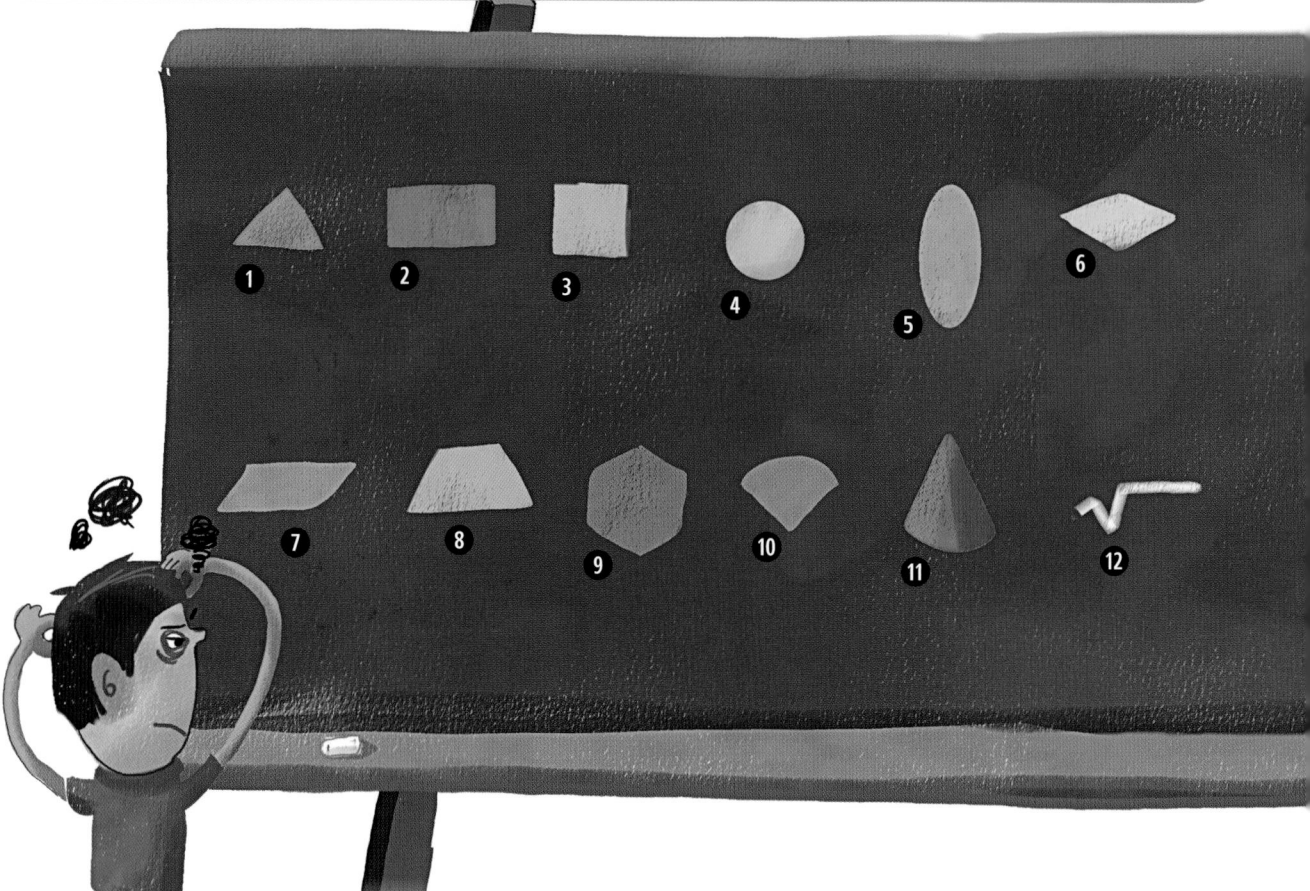

❶ 삼각형
[SamGak-Hyeong]
triangle

❷ 직사각형
[JikSaGak-Hyeong]
rectangle

❸ 정사각형
[JeongSaGak-Hyeong]
square

❹ 원형
[WonHyeong]
circle

❺ 타원형
[TaWonHyeong]
oval

❻ 다이아몬드형
[DaIAMonDeuHyeong]
diamond

❼ 평행사변형
[PyeongHaengSaByeonHyeong]
parallelogram

❽ 사다리형
[SaDaRiHyeong]
trapezoid

❾ 다각형
[DaGak-Hyeong]
polygon

❿ 부채꼴
[BuChaeKKol]
sector

⓫ 원추형
[WonChuHyeong]
cone

⓬ 루트
[RuTeu]
square root symbol

⓭ 더하기
[DeoHaGi]
plus sign

⓮ 빼기
[PPaeGi]
minus sign

⓯ 곱하기
[Gop-HaGi]
multiplication sign

⓰ 나누기
[NaNuGi]
division sign

⓱ 크다
[KeuDa]
greater than sign

⓲ 작다
[JakDa]
less than sign

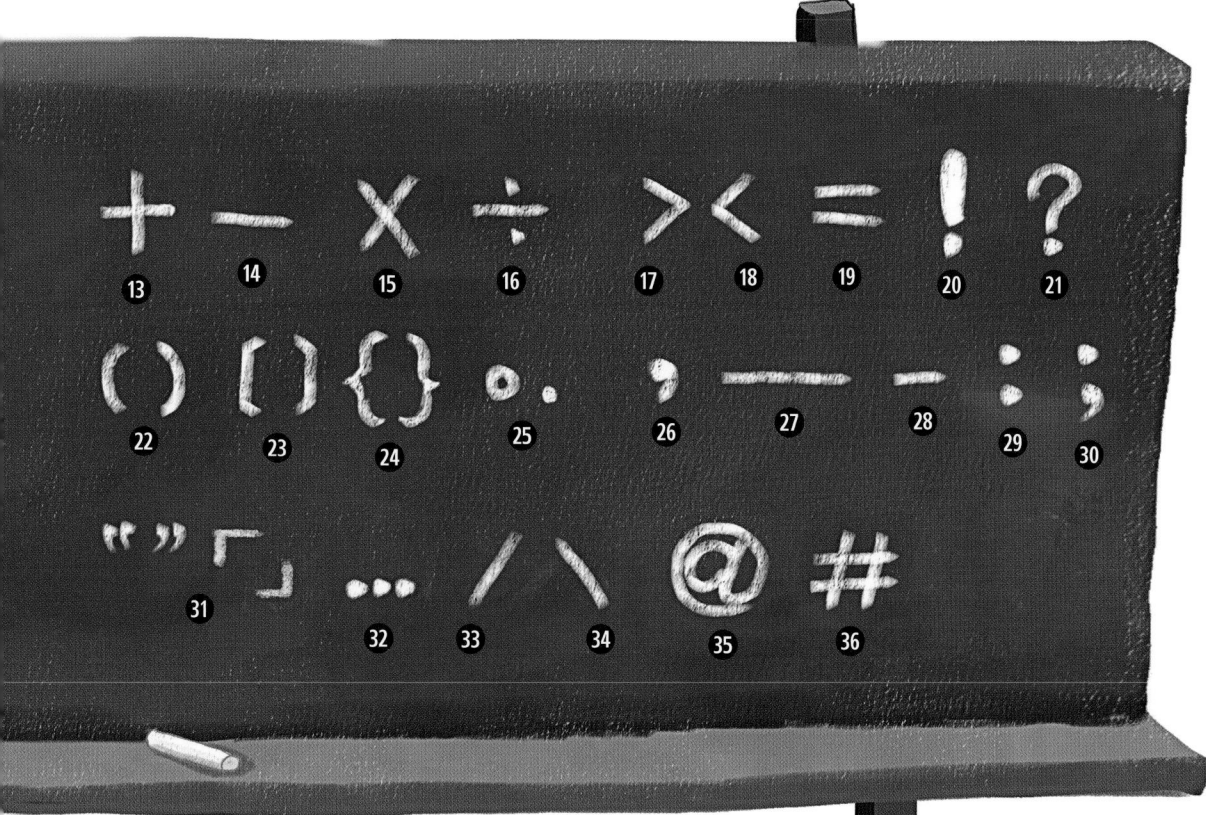

⑲ 같다
[GatDa]
equals sign

⑳ 느낌표
[NeuKKimPyo]
exclamation mark

㉑ 물음표
[Mur-EumPyo]
question mark

㉒ 소괄호
[SoGwalHo]
parentheses

㉓ 중괄호
[JungGwalHo]
brackets

㉔ 대괄호
[DaeGwalHo]
braces

㉕ 온점
[OnJeom]
period

㉖ 쉼표
[SwimPyo]
comma

㉗ 대시
[DaeSi]
dash

㉘ 하이픈
[HaIPeun]
hyphen

㉙ 콜론
[KolLon]
colon

㉚ 세미콜론
[SeMiKolLon]
semicolon

㉛ 따옴표
[TTaOmPyo]
quotation marks

㉜ 생략기호
[SaengNyakGiHo]
ellipsis

㉝ 슬래시
[SeulLaeSi]
slash

㉞ 백슬래시 / 역슬래시
[BaekSeulLaeSi / YeokSeulLaeSi]
backslash

㉟ 앳 / 골뱅이
[Aet / GolBaengI]
at symbol

㊱ 우물정
[UMulJeong]
pound sign

❶ 스카이다이빙
[SeuKaIDaIBing]
skydiving

❷ 행글라이더
[HaengGeulLaIDeo]
hang gliding

❸ 보트
[BoTeu]
boating

❹ 래프팅
[RaePeuTing]
white-water rafting

❺ 수영
[SuYeong]
swimming

❻ 피겨 스케이트
[PiGyeo SeuKeITeu]
figure skating

❼ 아이스 스케이트
[AISeu SeuKeITeu]
ice-skating

❽ 롤러 스케이트
[RolLeo SeuKeITeu]
roller skating

❾ 인라인 스케이트
[IlLaIn SeuKeITeu]
in-line skating

⑩ **양궁**
[YangGung]
archery

⑪ **조깅**
[JoGing]
jogging

⑫ **사이클링**
[SaIKeulLing]
cycling

⑬ **승마**
[SeungMa]
horseback riding

⑭ **스케이트보드**
[SeuKeITeuBoDeu]
skateboarding

⑮ **스노우보드**
[SeuNoUBoDeu]
snowboarding

⑯ **스키**
[SeuKi]
skiing

⑰ **암벽등반**
[AmByeokDeungBan]
rock climbing

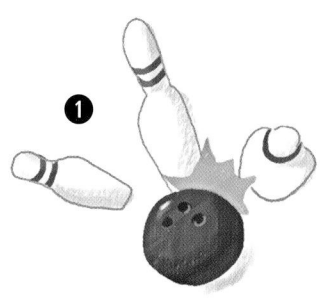

① 볼링
[BolLing]
bowling

② 농구
[NongGu]
basketball

③ 핸드볼
[HaenDeuBol]
handball

④ 야구
[YaGu]
baseball

⑤ 피구
[PiGu]
dodgeball

⑥ 골프
[GolPeu]
golf

⑦ 테니스
[TeNiSeu]
tennis

⑧ 소프트볼
[SoPeuTeuBol]
softball

⑨ 탁구
[TakGu]
table tennis

⑯ **배구**
[BaeGu]
volleyball

⑩ **아이스하키**
[AISeuHaKi]
ice hockey

⑬ **미식축구**
[MiSikChukGu]
American football

⑰ **배드민턴**
[BaeDeuMinTeon]
badminton

⑪ **하키**
[HaKi]
field hockey

⑭ **크로케**
[KeuRoKe]
croquet

⑱ **크리켓**
[KeuRiKet]
cricket

⑫ **축구**
[ChukGu]
soccer

⑮ **당구**
[DangGu]
pool

⑲ **스쿼시**
[SeuKwoSi]
squash

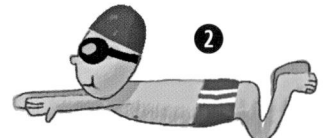

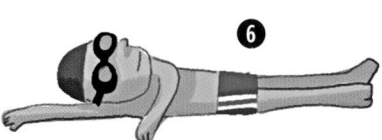

❶ **개헤엄**
[GaeHeEom]
dog paddle

❷ **평영**
[PyeongYeong]
breaststroke

❸ **자유영**
[JaYuYeong]
freestyle

❹ **배영**
[BaeYeong]
backstroke

❺ **접영**
[Jeob-Yeong]
butterfly stroke

❻ **측영**
[Cheug-Yeong]
sidestroke

❼ **다이빙**
[DaIBing]
to dive

❽ **싱크로나이즈**
[SingKeuRoNaIJeu]
synchronized swimming

❾ **수상스키**
[SuSangSeuKi]
waterskiing

⑩ **서핑**
[SeoPing]
surfing

⑪ **킥보딩**
[KikBoDing]
kickboarding

⑫ **윈드서핑**
[WinDeuSeoPing]
windsurfing

⑬ **제트스키**
[JeTeuSeuKi]
jet skiing

⑭ **스노우클링**
[SeuNoUKeulLing]
snorkeling

⑮ **스쿠버다이빙**
[SeuKuBeoDaIBing]
scuba diving

❶ **해머던지기**
[HaeMeoDeonJiGi]
hammer throw

❷ **원반던지기**
[WonBanDeonJiGi]
discus throw

❸ **포환던지기**
[PoHwanDeonJiGi]
shot put

❹ **멀리뛰기**
[MeolLiTTwiGi]
long jump

❺ **높이뛰기**
[Nop-ITTwiGi]
high jump

❻ **세단뛰기**
[SeDanTTwiGi]
triple jump

❼ **허들**
[HeoDeul]
hurdles

❽ **장대높이뛰기**
[JangDaeNop-ITTwiGi]
pole vault

❾ **창던지기**
[ChangDeonJiGi]
javelin throw

⑩ 장애물달리기
[JangAeMulDalLiGi]
steeplechase

⑪ 마라톤
[MaRaTon]
marathon

⑫ 계주
[GyeJu]
relay race

⑬ 단거리달리기
[DanGeoRiDalLiGi]
sprint

⑭ 100 (백) 미터 달리기
[100(Baek)MiTeo DalLiGi]
hundred-meter dash

⑮ 트랙
[TeuRaek]
track

1 쥐
[Jwi]
mouse

2 다람쥐
[DaRamJwi]
squirrel

3 캥거루
[KaengGeoRu]
kangaroo

4 뱀
[Baem]
snake

5 개/강아지
[Gae / GangAJi]
dog

6 고양이
[GoYangI]
cat

7 토끼
[ToKKi]
rabbit

8 돼지
[DwaeJi]
pig

9 원숭이
[WonSungI]
monkey

10 코알라
[KoAlLa]
koala

11 염소
[YeomSo]
goat

12 양
[Yang]
sheep

13 젖소
[JeotSo]
cow

14 말
[Mal]
horse

15 얼룩말
[EolLungMal]
zebra

⑯ 낙타
[NakTa]
camel

⑰ 당나귀
[DangNaGwi]
donkey

⑱ 사슴
[SaSeum]
deer

⑲ 기린
[GiRin]
giraffe

⑳ 늑대
[NeukDae]
wolf

㉑ 여우
[YeoU]
fox

㉒ 코뿔소
[KoPPulSo]
rhinoceros

㉓ 하마
[HaMa]
hippopotamus

㉔ 판다 / 팬더
[PanDa / PaenDeo]
panda

㉕ 곰
[Gom]
brown bear

㉖ 사자
[SaJa]
lion

㉗ 호랑이
[HoRangI]
tiger

㉘ 코끼리
[KoKKiRi]
elephant

㉙ 북극곰
[BukGeukGom]
polar bear

❶ 파리
[PaRi]
fly

❷ 모기
[MoGi]
mosquito

❸ 벌
[Beol]
bee

❹ 잠자리
[JamJaRi]
dragonfly

❺ 나비
[NaBi]
butterfly

❻ 나방
[NaBang]
moth

❼ 매미
[MaeMi]
cicada

❽ 바퀴벌레
[BaKwiBeolLe]
cockroach

❾ 귀뚜라미
[GwiTTuRaMi]
cricket

❿ 거미
[GeoMi]
spider

⓫ 풍뎅이
[PungDengI]
scarab beetle/June bug

⓬ 무당벌레
[MuDangBeolLe]
ladybug

⓭ 반딧불이
[BanDitBur-I]
firefly

⓮ 메뚜기
[MeTTuGi]
grasshopper

⓯ 사마귀
[SaMaGwi]
praying mantis

⑯ 장수풍뎅이
[JangSuPungDengI]
rhinoceros beetle

⑰ 사슴벌레
[SaSeumBeolLe]
stag beetle

⑱ 달팽이
[DalPaengI]
snail

⑲ 개미
[GaeMi]
ant

⑳ 누에
[NuE]
silkworm

㉑ 지렁이
[JiReongI]
earthworm

㉒ 지네
[JiNe]
centipede

㉓ 전갈
[JeonGal]
scorpion

㉔ 벼룩
[ByeoRuk]
flea

㉕ 올챙이
[OlChaengI]
tadpole

㉖ 개구리
[GaeGuRi]
frog

㉗ 도마뱀
[DoMaBaem]
lizard

㉘ 악어
[Ag-Eo]
crocodile

❶ 닭
[Dak]
chicken

❷ 꿩
[KKwong]
pheasant

❸ 오리
[ORi]
duck

❹ 거위
[GeoWi]
goose

❺ 백조
[BaekJo]
swan

❻ 펭귄
[PengGwin]
penguin

❼ 갈매기
[GalMaeGi]
seagull

❽ 백로
[BaengNo]
egret

❾ 비둘기
[BiDulGi]
pigeon

❿ 참새
[ChamSae]
sparrow

⓫ 딱따구리
[TTakTTaGuRi]
woodpecker

⓬ 카나리아
[KaNaRiA]
canary

⓭ 백문조
[BaengMunJo]
white sparrow

⓮ 까마귀
[KKaMaGwi]
crow

⓯ 앵무새
[AengMuSae]
parrot

⑯ 까치
[KKaChi]
blue magpie

⑰ 펠리칸
[PelLiKan]
pelican

⑱ 종달새
[JongDalSae]
lark

⑲ 벌새
[BeolSae]
hummingbird

⑳ 제비
[JeBi]
swallow

㉑ 올빼미
[OlPPaeMi]
owl

㉒ 저어새
[JeoEoSae]
spoonbill

㉓ 타조
[TaJo]
ostrich

㉔ 공작
[GongJak]
peacock

㉕ 독수리
[DokSuRi]
eagle

㉖ 콘도르
[KonDoReu]
condor

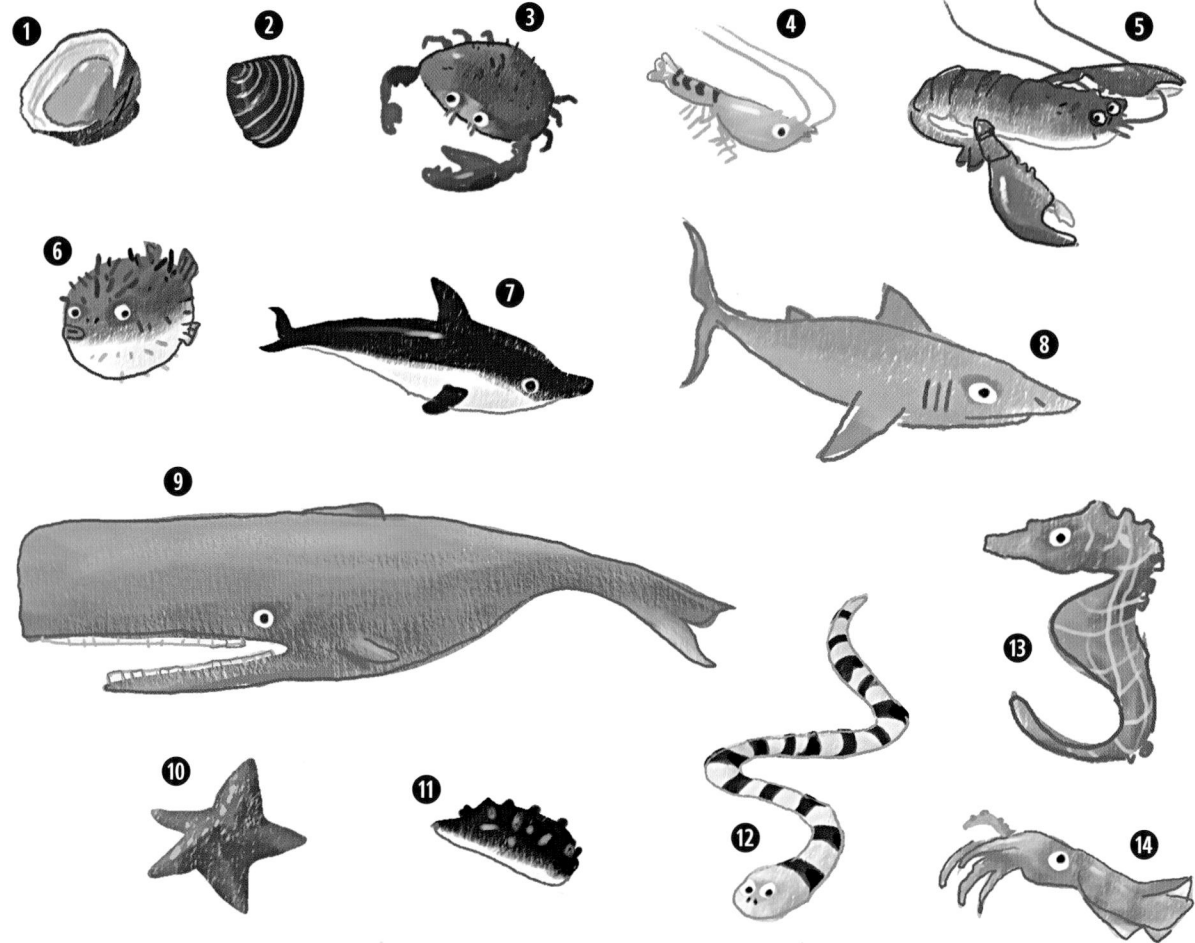

❶ 굴
[Gul]
oyster

❷ 조개
[JoGae]
clam

❸ 게
[Ge]
crab

❹ 새우
[SaeU]
shrimp

❺ 가재
[GaJae]
lobster

❻ 복어
[Bog-Eo]
blowfish

❼ 돌고래
[DolGoRae]
dolphin

❽ 상어
[SangEo]
shark

❾ 고래
[GoRae]
whale

❿ 불가사리
[BulGaSaRi]
starfish

⓫ 해삼
[HaeSam]
sea cucumber

⓬ 바다뱀
[BaDaBaem]
sea snake

⓭ 해마
[HaeMa]
sea horse

⓮ 오징어
[OJingEo]
squid

⓯ 문어
[Mun-Eo]
octopus

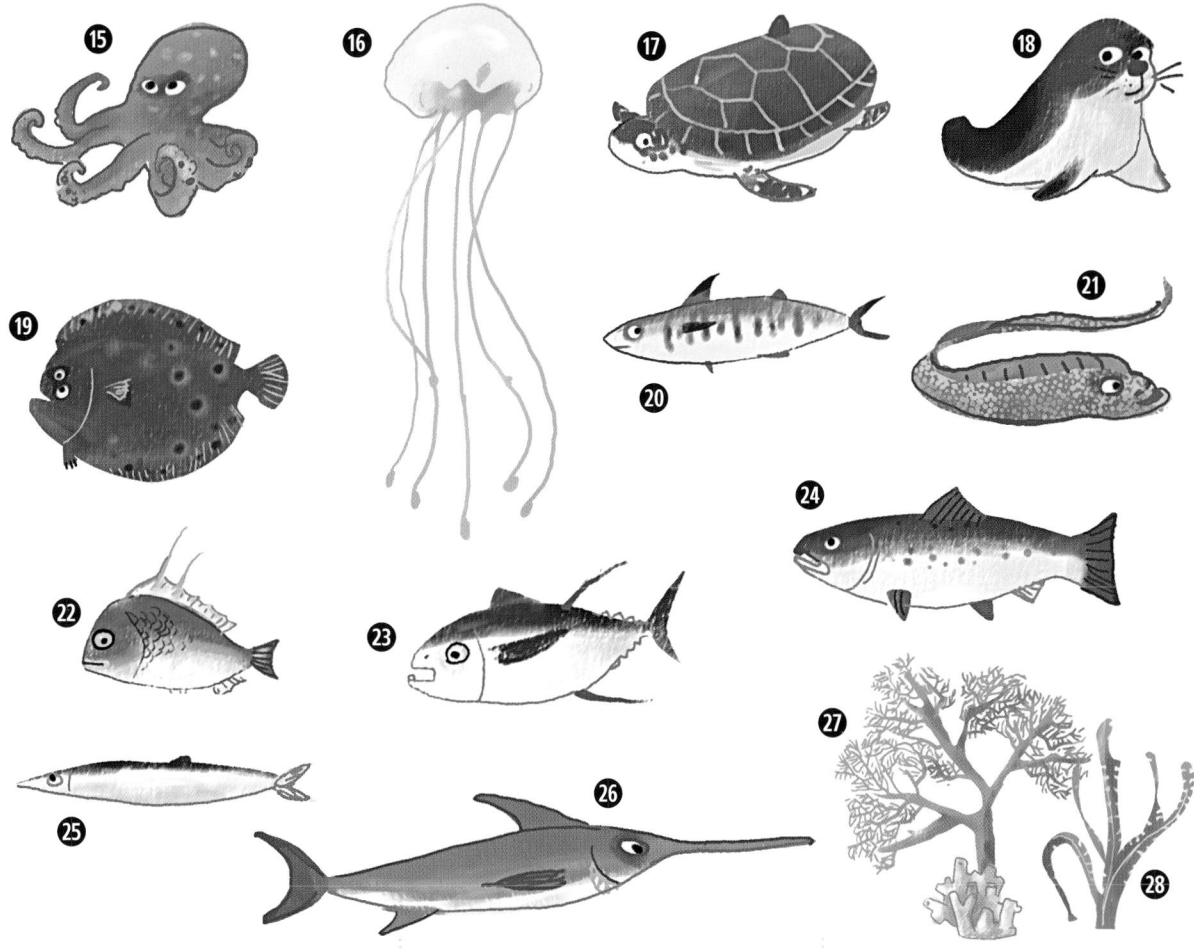

⑯ **해파리**
[HaePaRi]
jellyfish

⑰ **바다거북이**
[BaDaGeoBug-I]
sea turtle

⑱ **바다표범**
[BaDaPyoBeom]
seal

⑲ **광어**
[GwangEo]
turbot

⑳ **고등어**
[GoDeungEo]
mackerel

㉑ **장어**
[JangEo]
eel

㉒ **도미**
[DoMi]
sea bream

㉓ **참치**
[ChamChi]
tuna

㉔ **연어**
[Yeon-Eo]
salmon

㉕ **꽁치**
[KKongChi]
saury

㉖ **황새치**
[HwangSaeChi]
swordfish

㉗ **산호**
[SanHo]
coral

㉘ **미역**
[MiYeok]
seaweed

13 · Animals & Plants

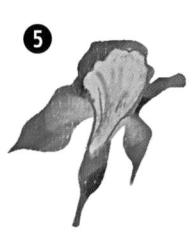

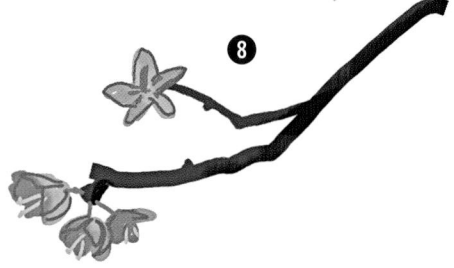

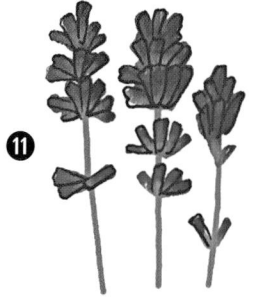

❶ 수선화
[SuSeonHwa]
narcissus

❺ 아이리스
[AIRiSeu]
iris

❾ 카네이션
[KaNeISyeon]
carnation

❷ 진달래
[JinDalLae]
azalea

❻ 동백꽃
[DongBaekKKot]
camellia

❿ 나팔꽃 / 모닝글로리
[NaPalKKot / MoNingGeulLoRi]
morning glory

❸ 백합
[Baek-Hap]
lily

❼ 장미
[JangMi]
rose

⓫ 라벤더
[RaBenDeo]
lavender

❹ 데이지
[DeIJi]
daisy

❽ 벚꽃
[BeotKKot]
cherry blossom

⓬ 해바라기
[HaeBaRaGi]
sunflower

⑬ **튤립**
[TyulLip]
tulip

⑭ **제비꽃**
[JeBiKKot]
violet

⑮ **유채꽃**
[YuChaeKKot]
canola

⑯ **민들레**
[MinDeulLe]
dandelion

⑰ **클로버/토끼풀**
[KeulLoBeo / ToKKiPul]
shamrock

⑱ **단풍잎**
[DanPungNip]
maple leaf

⑲ **포인세티아**
[PoInSeTiA]
poinsettia

⑳ **고사리**
[GoSaRi]
fern

㉑ **버드나무**
[BeoDeuNaMu]
willow

㉒ **소나무**
[SoNaMu]
cedar

㉓ **편백나무**
[PyeonBaengNaMu]
cypress

㉔ **무궁화**
[MuGungHwa]
hibiscus

13 · Animals & Plants

❶ **1 (일) 월**
[Ir-Wol]
January

❷ **2 (이) 월**
[IWol]
February

❸ **3 (삼) 월**
[Sam-Wol]
March

❹ **4 (사) 월**
[SaWol]
April

❺ **5 (오) 월**
[OWol]
May

❻ **6 (유) 월**
[YuWol]
June

❼ **7 (칠) 월**
[Chir-Wol]
July

❽ **8 (팔) 월**
[Par-Wol]
August

❾ **9 (구) 월**
[GuWol]
September

❿ **10 (시) 월**
[SiWol]
October

⓫ **11 (십일) 월**
[Sib-Ir-Wol]
November

⓬ **12 (십이) 월**
[Sib-IWol]
December

⓭ **달력**
[DalLyeok]
monthly calendar

⓮ **일요일**
[Ir-YoIl]
Sunday

⓯ **월요일**
[Wor-YoIl]
Monday

⓰ **화요일**
[HwaYoIl]
Tuesday

⓱ **수요일**
[SuYoIl]
Wednesday

⓲ **목요일**
[Mog-YoIl]
Thursday

⓳ **금요일**
[Geum-YoIl]
Friday

⓴ **토요일**
[ToYoIl]
Saturday

㉑ **국경일 / 공휴일**
[GukGyeongIl / GongHyuIl]
national holiday

❖ In Korean language, there are two number systems.

ADDITIONAL INFORMATION: NUMBERS	
Sino-Korean Numbers	Pure Korean Numbers
Used mainly for specifying the date, prices, and phone numbers, etc.	Used mainly for counting, specifying age, etc.

Sino-Korean Numbers

1	2	3	4	5	6	7	8	9	10
일	이	삼	사	오	육	칠	팔	구	십
[Il]	[I]	[Sam]	[Sa]	[O]	[Yuk]	[Chil]	[Pal]	[Gu]	[Sip]
11	12	13	14	15	16	17	18	19	20
십일	십이	십삼	십사	십오	십육	십칠	십팔	십구	이십
[Sib-Il]	[Sib-I]	[SipSam]	[SipSa]	[Sib-O]	[Sib-Yuk]	[SipChil]	[SipPal]	[SipGu]	[ISip]
30	40	50	60	70	80	90	100		
삼십	사십	오십	육십	칠십	팔십	구십	백		
[SamSip]	[SaSip]	[OSip]	[YukSip]	[ChilSip]	[PalSip]	[GuSip]	[Baek]		

1,000	10,000	10,000,000	0
천	만	억	공 / 영 / 제로
[Cheon]	[Man]	[Eok]	[Gong/Yeong/JeRo]

Pure Korean Numbers

1	2	3	4	5	6	7
하나 / 한	둘 / 두	셋 / 세	넷 / 네	다섯	여섯	일곱
[HaNa/Han]	[Dul/Du]	[Set/Se]	[Net/Ne]	[DaSeot]	[YeoSeot]	[IlGop]
8	9	10	20	30	40	50
여덟	아홉	열	스물 / 스무	서른	마흔	쉰
[YeoDeol]	[AHop]	[Yeol]	[SeuMul/SeuMu]	[SeoReun]	[MaHeun]	[Swin]
60	70	80	90	100		
예순	일흔	여든	아흔	백		
[YeSun]	[IlHeun]	[YeoDeun]	[AHeun]	[Baek]		

❶ **태양 / 해**
[TaeYang / Hae]
sun

❷ **구름**
[GuReum]
cloud

❸ **비**
[Bi]
rain

❹ **바람**
[BaRam]
wind

❺ **천둥**
[CheonDung]
thunder

❻ **번개**
[BeonGae]
lightning

❼ **안개**
[AnGae]
fog

❽ **서리**
[SeoRi]
frost

❾ **눈**
[Nun]
snow

❿ **얼음**
[Eor-Eum]
ice

⓫ **우박**
[UBak]
hail

⓬ **폭풍**
[PokPung]
storm

⓭ **태풍**
[TaePung]
typhoon

⓮ **토네이도**
[ToNeIDo]
tornado

⓯ **고기압**
[GoGiAp]
high pressure

⑯ **한랭전선**
[HalLaengJeonSeon]
cold front

⑰ **한류**
[HalLyu]
cold current

⑱ **온도**
[OnDo]
temperature

⑲ **봄**
[Bom]
spring

⑳ **여름**
[YeoReum]
summer

㉑ **가을**
[GaEul]
fall/autumn

㉒ **겨울**
[GyeoUl]
winter

ADDITIONAL INFORMATION: WEATHER DESCRIPTION

⑴ **맑은 날**
[Malg-Eun Nal]
sunny day

⑵ **흐린 날**
[HeuRin Nal]
cloudy day

⑶ **비가 오는 날**
[BiGa ONeun Nal]
rainy day

14·Season & Time

129

❶ 신정 (양력설)
[SinJeong (YangNyeokSeol)]
New Year's Day

❷ 설날 (음력설)
[SeolLal (EumNyeokSeol)]
Lunar New Year's Day

❸ 삼일절
[Sam-IlJeol]
Independence Day

❹ 식목일
[SingMog-Il]
Arbor Day

❺ 어린이날
[EoRin-INal]
Children's Day

❻ 어버이날
[EoBeoINal]
Parent's Day

❼ 단오
[Dan-O]
Dano Festival

❽ 현충일
[HyeonChungIl]
Memorial Day

❾ 광복절
[GwangBokJeol]
Liberation Day

❿ 추석
[ChuSeok]
Mid-Autumn Festival

⓫ 개천절
[GaeCheonJeol]
National Foundation Day

⓬ 한글날
[HanGeulLal]
Hangeul Proclamation Day

⓭ 제헌절
[JeHeonJeol]
Constitution Day

❶ 고원
[GoWon]
plateau

❷ 산림
[SalLim]
forest

❸ 호수
[HoSu]
lake

❹ 폭포
[PokPo]
waterfall

❺ 산봉우리
[SanBongURi]
peak

❻ 산
[San]
mountain

❼ 댐
[Daem]
dam

❽ 강
[Gang]
river

❾ 연못
[YeonMot]
pond

❿ 나무
[NaMu]
woods

⓫ 계곡
[GyeGok]
valley

⓬ 분지
[BunJi]
basin

⑬ **평원**
[PyeongWon]
plain

⑭ **모래톱**
[MoRaeTop]
sandbar

⑮ **항구**
[HangGu]
harbor

⑯ **해변**
[HaeByeon]
beach

⑰ **저녁놀 / 석양**
[JeoNyeongNol / Seog-Yang]
sunset

⑱ **지평선**
[JiPyeongSeon]
horizon

⑲ **섬**
[Seom]
island

⑳ **바다**
[BaDa]
sea

Index

Index

Index

shower gel *12*

showerhead *11*

shrimp *49, 122*

shuttle bus *89*

shy *37*

side table *7*

sidestroke *112*

sidewalk *85*

signature *79*

silk scarf *69*

silkworm *119*

silver *105*

singer *33*

sink *11, 20*

sister-in-law (older brother's wife) *29*

sister-in-law (younger brother's wife) *29*

skateboarding *109*

skiing *109*

skirt *66*

skycap *88*

skydiving *108*

slash *107*

slippers *16, 70*

smiling *37*

smoothie *50*

snacks *40*

snail *119*

snake *116*

sneakers *70*

snorkeling *113*

snow *128*

snowboarding *109*

soap *12*

soccer *111*

socket *11*

socks *71*

soda *50*

sofa *5*

softball *110*

soldier *30*

son *29*

son-in-law *29*

soup *58*

soy bean milk *51*

soy sauce *65*

spaghetti *58*

sparrow *120*

speaker *9*

spider *118*

sponge *23*

spoon *60*

spoonbill *121*

sporting-goods department *80*

sportswear *67*

spring *129*

sprint *115*

square *106*

square root symbol *106*

squash *111*

squid *48, 122*

squirrel *116*

stag beetle *119*

stair *3*

stamp *74*

stapler *103*

starfish *122*

steak *58*

steak knife *61*

steam cooker *20*

steeplechase *115*

step ladder *23*

stereo *7*

stock *79*

stockings *71*

stomach *35*

stool *55*

storm *128*

straw *54*

strawberry *42*

street corner *85*

street sign *85*

street vendor's stand *73*

streetlight *85*

submarine *82*

subway *83*

subway entrance *85*

suit *66*

summer *129*

sun *128*

Sunday *126*

sunflower *124*

sunglasses *68*

sunscreen *14*

sunset *133*

surfing *113*

surgeon *94*

surprised *36*

swallow *121*

swan *120*

sweater *67*

sweet potato *44*

swimming *108*

swimming pool *2*

swordfish *123*

synchronized swimming *112*

tape measure *22*

taro *44*

taxi *82*

tea house *73*

teacher *30*

teapot *57*

teaspoon *60*

teen department *80*

teenager *27*

telephone *7*

television *5*

teller *78*

temperature *129*

tennis *110*

terminal *88*

textbook *101*

thief *77*

thigh *35*

thread *18*

thumbtack *102*

thunder *128*

Thursday *126*

tie clip *69*

tiger *117*

tile *11*

tired *37*

to bake *62*

to barbecue *62*

to bird-watch *90*

to blanch *62*

to boil *62*

to brush one's teeth *25*

to call the police *77*

to call, to telephone *25*

to carry (something) on (one's) back *39*

to chop *63*

to close (the window) *25*

to cook *24*

to crack (an egg) *63*

to crawl *38*

to cut *63*

to dance *90*

to deep fry *62*

to dive *112*

to do a handstand *38*

to do the laundry *24*

to drink *24*

to eat *24*

to fall *38*

to fall flat on one's back *38*

to fry *62*

to garden *90*

to get dressed *25*

to go *54*

to go camping *90*

to go fishing *90*

to go mountain climbing *90*

to grate *63*

to grill *62*

to hike *90*

to iron clothes *24*

to jump *38*

to kick *39*

to kneel *38*

to knit *24*

to lie down *39*

to lie face down *39*

to listen to music *91*

to marinate *63*

to open (the window) *25*

to paint *90*

to peel *63*

to photograph *91*

to play cards *90*

to play chess *90*

to play Chinese checkers *90*

Index